dtv

Früher ist er bloß mit der Seilbahn nach oben gefahren und dann bergab gestolpert. Doch plötzlich studiert Frank G. Landkarten, versucht seinen schlaffen Körper zu stählen und verschwendet sein Erspartes für eine angeblich notwendige Ausrüstung. Aus dem bis dahin unbescholtenen Angestellten ist ein Wanderfreak geworden. Bald gleitet er vollends hinunter in die Abgründe der Sucht und des Grand Canyon, er überschreitet die Grenzen des gesunden Menschenverstands sowie die Alpen. Gängige Wanderziele wie Island, Patagonien und Neuseeland reichen ihm nicht mehr – nun müssen es so exotische Gegenden wie die Eifel und das Sauerland sein.
Ein äußerst unterhaltsames Bekennerbuch voller Selbstironie und mit offenem Blick auf die inneren Widersprüche moderner Naturliebe.

*Frank Gerbert,* geboren 1955, schreibt montags bis freitags Artikel für ein Nachrichtenmagazin aus München. Doch an den Wochenenden und im Urlaub gibt es für ihn nur eine Devise: wandern, wandern, wandern.

*Kleine Philosophie der Passionen*

# Wandern

*Frank Gerbert*

Deutscher Taschenbuch Verlag

Originalausgabe
Mai 2007
2. Auflage November 2007

www.dtv.de

Umschlagkonzept: Balk & Brumshagen
Umschlaggestaltung: Stephanie Weischer
unter Verwendung eines Fotos von Corbis/Ric Ergenbright
Gesamtherstellung: Druckerei C. H. Beck, Nördlingen
Gedruckt auf säurefreiem, chlorfrei gebleichtem Papier
Printed in Germany · ISBN 978-3-423-34411-1

## *Inhaltsverzeichnis*

# *Gehen wir's an!*

Wandern sei »in«, »angesagt« oder gar »cool«, wird Ihnen heute in Reisebeilagen, Zeitschriftenartikeln und TV-Sendungen eingeimpft, und fast wöchentlich purzeln aus Ihrer Tageszeitung Werbeprospekte für Outdoorartikel heraus. Ich glaube, es gibt tatsächlich einen Trend zum Wandern, aber es ist nicht meine Absicht, ihn durch schlichte Affirmation zu befördern. Bei mir werden Sie auch etwas lesen vom Unterschied zwischen Ideal und Wirklichkeit. Aber keine Angst, es erwartet Sie auch keine Anklageschrift, sondern eine Schilderung der nicht unkomischen Versuche eines saturierten deutschen Mittelstandsbürgers, ein wenig Wildnis und Abenteuer in sein Leben hineinzubekommen.

Dass Wandern bisweilen großartig ist, schreibe ich übrigens auch.

Rechnen Sie mit leichter Lektüre! Wiegt bloß 120 Gramm – ideal für jeden Rucksack.

Ich widme das Buch meiner Gattin und Muse Annie, die mir dankenswerterweise gestattete, sie als handelnde Figur zu zeichnen (zu überzeichnen, wie sie behauptet), und die meine Passion mit unnachahmlichem Gleichmut erträgt (es sei sogar Sympathie, sagt sie).

# *Der Schrei der Eule*

Es ist nass, kalt, finster. Die Last auf meinem Rücken drückt. Weglos dem Vordermann folgend, stolpere ich durchs Unterholz. Meine Füße schmerzen, die Stiefel sind zu eng; an den Fersen brennt es wie Feuer.

Immer schneller, scheint mir, spuren die vor mir durchs Laub, kaum noch kann ich Anschluss halten, hinter mir schnaufen die Nachfolgenden. Ein Käuzchen, ein Uhu oder welche Nachteule auch immer – etwas schreit durch den Forst, für mich ist's ein Signal. Ich beschließe, die Tour abzubrechen. Das Programm in diesem Adventure-Camp ist sowieso eine Zumutung; frühes Aufstehen, schlechtes Essen, viel Stress und ein unmöglicher Umgangston. Jetzt reicht's.

Der Vordermann, schon 20 Meter entfernt und in der Dunkelheit kaum noch zu erkennen, biegt nach links ab, in den Hochwald hinein. Ich hinke einfach geradeaus, mitten ins Gebüsch. Ätsch, denke ich, murmele es auch leise vor mich hin.

Erst leicht, dann steiler abwärts windet sich der Untergrund, irgendwo weiter unten rauscht ein Wildbach. Mit letzter Kraft schleppe ich mich vorwärts, um bei den Nachfolgenden keinen Argwohn zu wecken. Ich kann es kaum glauben: Es funktioniert, die anderen folgen mir wie Lemminge. Erst nach wohl zehn Minuten hat der Unteroffizier Verdacht geschöpft und ist zu mir nach vorne geeilt.

»Gerbert, Sie schon wieder! Wo laufen Sie denn hin?«

»Meine Füße sind kaputt. Die vor mir waren zu schnell. Ich bin halt immer geradeaus gegangen.«

Bei militärischen Nachtwanderungen gilt die Regel: Als Erster geht jemand, der den Weg kennt. Die anderen folgen im Gänsemarsch. Problem: Verliert einer den Anschluss und geht dann in die Irre, ist der Trupp gesprengt. Und das hier, ein paar Kilometer von der Zonengrenze entfernt, hinter der der Warschauer Pakt (wie man uns in den vergangenen Tagen instruiert hat) nur auf eine günstige Gelegenheit zur Invasion lauert! Heute Nacht hätten Breschnew, Honecker und Konsorten leichtes Spiel gehabt.

Glücklicherweise werde ich nur beschimpft und nicht hingerichtet. Nachdem man mir Rucksack, Gewehr und Stiefel abgenommen hat, wobei meine bluttriefenden Fersen zum Vorschein kommen und Mitgefühl auslösen, packen mich die vier stärksten der Kompanie an je einem Arm respektive Bein und tragen mich, Vorderseite nach oben, zurück in die Kaserne. Der Nieselregen nässt mein Gesicht, doch noch nie während der vergangenen drei Wochen meines Grundwehrdienstes in Wildflecken/Rhön habe ich mich so glücklich gefühlt. Ich ahne: Die Tortur ist bald vorbei.

Meine militärische Laufbahn endet schon tags darauf in einer Wehrarztpraxis in Bad Brückenau. Gegen meine Tauglichkeit spricht nicht nur der verpatzte Nachtmarsch, sondern auch das Versagen ein paar Tage zuvor bei einem 2000-Meter-Lauf, den ich trotz wütender Durchhaltebefehle schon nach der halben Distanz beendet hatte. Erleichtert wird dem Herrn Doktor der Entscheid zusätzlich durch die Diagnose eines Herz-Kreislauf-Problems, das er mittels EKG entdeckt zu haben glaubt, wozu ich sagen muss, dass ich während der Zeit im Warteraum die Füße immer ein paar Zentimeter über dem Boden gehalten hatte, wodurch ich beim Eintritt ins Sprechzimmer völlig fertig war. Am Nachmittag darf ich die Heimreise antreten.

Mag sein, dass meine Abneigung gegen nächtliche Touren und meine Skepsis gegenüber dem Wandern in großen Gruppen von dem erlittenen Trauma herrührt. Sollte ich im Nachhinein die Bundesrepublik Deutschland verklagen? Ich glaube, die gewonnenen anderthalb Jahre Lebenszeit sind Entschädigung genug.

Seither habe ich beim Wandern aber immer eine Taschenlampe dabei.

## *Warnhinweise und Nebenwirkungen*

Wandern hat auch Nachteile. Es ist eines der beliebtesten Hobbys der Deutschen.

Es bringt Ihnen zunächst mal, anders als Windsurfen, Eisfallklettern oder Weltumsegeln, keinen besonderen Distinktionsgewinn, wie die Soziologen sagen. Soll heißen: Weil so viele es tun, können Sie sich nur wenig darauf einbilden. Und zwar von Jahr zu Jahr weniger, denn eine repräsentative Marktstudie des Allensbach-Instituts verzeichnete zuletzt eine enorme Zunahme der wandernden Bevölkerung – von 54 auf 62 Prozent (oder, in absoluten Zahlen, von 34,7 auf 40,4 Millionen Einwohner ab 14 Jahren).

Ein bisschen stolzer dürfen Sie sein, wenn Sie »häufig« wandern (und nicht bloß »ab und zu«): Dann sind Sie einer von nur 8,7 Millionen (13 Prozent).

Wanderer suchen Stille und Einsamkeit, finden sie aber nur manchmal. Auf beliebten Wegen herrscht, vor allem sonntags, übles Gedränge. Auf schmalen Pfaden müssen Sie umständlich den Entgegenkommenden ausweichen oder langsamere Zeitgenossen überholen und diese wandelnden Hindernisse auch noch grüßen! An manchen Stellen können gar Staus entstehen wie auf den Bundesautobahnen freitagnachmittags.

Wenn Sie wandern, betreiben Sie kein Hobby mit jugendlichem Image. Zwar hat die Zahl der 14- bis 29-Jährigen, die durch Wald und Flur ziehen, ausweislich der besagten Umfrage zugenommen (in zwei Jahren von 4,8 auf 5,6 Millionen), doch relativ zu allen Wanderern blieb ihr Anteil mit 14 Prozent gleich. Genau 50 Prozent der Fußmarsch-Liebhaber sind unter 50, die anderen 50 über 50. (Ich bin 50 plus eins, bringe also nahezu ideale Voraussetzungen dafür mit, dieses Buch zu schreiben.)

Wandern kann ziemlich langweilig sein. Routen verlaufen oft auf breiten Forstwegen, gar an Straßenrändern, führen durch monotonen Nadelwald, bieten wenig Aussicht. Auf Tagestouren muss man häufig denselben Weg hin und zurück nehmen, was nicht gerade umwerfend spannend ist.

Wandern ist nicht einmal umweltfreundlich. Die allermeisten fahren mit dem Auto in die Natur. Beim Gehen stören sie zwangsläufig die Wildtiere, oft legen sie Trampelpfade an, um Wegbiegungen abzuschneiden. Sie zwingen durch ihre Nachfrage Hütten und Ausflugsgaststätten, den Nachschub per Auto, Jeep oder Hubschrauber heranzukarren. Schwacher bis mittelstarker Trost: Fast alle anderen naturnutzenden Freizeitbeschäftigungen sind noch umweltschädlicher.

Wandern ist nicht billig. Gegen die manipulativen Einflüsterungen der Sportartikelindustrie haben Sie letztlich keine Chance. Eigentlich brauchen Sie für das Hobby ja nur feste Schuhe (und nicht mal die, wie die Sekte der Barfußwanderer behauptet), doch bald werden Sie glauben, auch Dinge wie Aircomfortrucksack, Doppelzipphose, Kapuzensweater, Fleecehemd, Funktionsunterwäsche, Karbonteleskopstöcke, Mikrofaseroutdoorjacke oder Ähnliches zu brauchen. Und das kostet Sie mindestens einen Tausender. Nebenbei gesagt: Vieles davon ist wirklich nützlich.

Wenn Sie vor allem Gewicht verlieren wollen: Suchen Sie sich was Anstrengenderes. Falls Wandern so ideal fürs Abnehmen wäre, wie manche behaupten, wäre Deutschland das Land der Ranken und Schlanken. Schon der Augenschein belegt das Gegenteil. Auch ich war enttäuscht, als sich in meiner ersten Intensivwandersaison ein deutlicher Gewichtsverlust zunächst nicht einstellen wollte.

Prinzipiell verbraucht man beim Wandern zwar nicht unerheblich Energie. Aber eben nicht so viel wie bei echten Kalorienfressern wie Laufen, schnellem Radfahren oder dem Work-out im Fitnessstudio. Und vor allem: Es kommt auf das Wie an. Laut Statistiken verbrennt man in einer Stunde gemächlichen Wanderns im Flachland etwa 200 Kalorien. Davon muss man freilich noch 80 oder 90 abziehen, die man auch beim bloßen Rumsitzen verbrauchen würde. Wer also fünf Stunden im normalen Tempo von etwa vier Stundenkilometern ohne große Steigungen wandert (also immerhin 20 Kilometer weit), verbrennt nur 500 bis 600 Kalorien mehr als normal. Wenn die betreffende Person während der Tour eine Tafel Schokolade verzehrt oder sich später im Gasthaus zwei Halbe Bier oder eine Sahnetorte genehmigt (was sie ohne die Wanderung nicht getan hätte), ist das schöne Kalorienminus schon wieder weitgehend aufgefüllt, und die Wampe bleibt gerundet.

Erst beim zügigen Gehen (mindestens fünf km/h im Flachen) oder beim Bergaufwandern, am besten mit Gepäck, steigt der Kalorienverbrauch auf recht sportliche 300 bis 450 pro Stunde. Daraus folgt: Wenn Sie abnehmen wollen, dann müssen Sie so voranschreiten, dass es Sie merklich anstrengt, dass Ihr Puls in Fahrt kommt, dass Sie hörbar atmen, dass der Schweiß ein bisschen fließt. Wenn Sie dazu keine Lust haben, dann nehmen Sie wenigstens keine Schokolade, Nüsse oder Energieriegel mit (so was brauchen Sie dann eh nicht), und mäßigen Sie sich beim Gasthausbesuch.

Achtung, Wandern ist gefährlich! Jedenfalls dann, wenn Sie es im Hochgebirge tun. Vermutlich mehrere hundert Alpenwanderer (eine Gesamtstatistik gibt es nicht) kommen jährlich zu Tode. Im Jahr 2003 starben allein 65 Mitglieder des Deutschen Alpenvereins in den Bergen – und diese Leute sind wohl im Durchschnitt fitter und erfahrener als sonstige Bergsportler. Zwar befanden sich unter diesen Unglücklichen auch Kletterer und »richtige« Bergsteiger, aber auch nicht weniger als 23 »Nur-Wanderer«. Todesursachen der Letzteren: vor allem Herz-Kreislauf-Versagen, Stolpern und Ausrutschen. Einige wurden auch durch Lawinen oder Steinschlag dahingerafft.

Der deutsche Wanderexperte Rainer Brämer hat sich ob solcher Zahlen mit den Autoren einer österreichischen Studie angelegt, die nachweisen wollten, dass Wandern in einer Höhe zwischen 1500 und 2500 Metern der Gesundheit besonders zuträglich sei. Unter Berufung auf dieses Werk vermarkten Tourismusorte der Alpenrepublik, welche sich ja bekanntlich in diese Höhen reckt, angeblich segensreiche »Welltain«-Wanderwochen. Brämer wiederum stellt den Wohltaten des Höhenwanderns dessen Gefahren entgegen und kommt zu dem Schluss, dass das Herumlaufen im Hochgebirge, nach »Bewegungsstunden« gerechnet, gefährlicher als Autofahren sei. Dem Körper wesentlich zuträglicher, meint er, sei die Betätigung unter der Höhengrenze von 1400 Metern, vor allem für Männer über 50.

Dazu sollte man allerdings wissen, dass Brämer sein Geld unter anderem damit verdient, für deutsche Mittelgebirge (die die letztgenannte Höhe kaum überschreiten) Wanderwege zu begutachten und Marketingmaßnahmen zu entwickeln.

Neuerdings kommt das Unheil – ob im Mittel- oder Hochgebirge – von einer Seite, von der man es am wenigsten erwarten würde. Das musste (ein Beispiel unter leider vielen) eine zehnköpfige deutsche Großfamilie erleben, die bei Saalbach in Österreich eine Kuhweide durchqueren wollte. Plötzlich ging ein Rind auf die siebenjährige Tochter Nina los. Als ihr der Vater zu Hilfe eilte, starteten die Wiederkäuer einen Großangriff. Vier Familienmitglieder erlitten Brüche oder Prellungen, Oma sogar einen Herzanfall.

Kuhangriffe gab es schon immer, auch in Deutschland, in den letzten Jahren häufen sich aber die Meldungen. Hintergrund ist – kaum bekannt – eine Innovation in der Viehhaltung: Statt Milchkühe werden immer mehr Fleischrinder gehalten. In solchen Herden darf Kälbchen bei Mutti bleiben. Auch ein Stier ist dabei, der sich der Damen reihum annimmt. Die naturnahe Haltung lässt animalische Mutter- und Beschützerinstinkte wieder aufleben – Wanderer können das zu spüren kriegen.

Experten raten: solche Weiden umgehen; falls unmöglich, maximalen Abstand zu den Tieren halten. Einen Stock mitführen und ihn notfalls der angreifenden Bestie auf die Nase hauen. Bei einem Stier kann man als nervenstarker Zeitgenosse auch versuchen, den Nasenring zu packen und umzudrehen, das soll seinem Träger so weh tun, dass er Ruhe gibt.

Hoffentlich haben Sie jetzt noch nicht die Trekkinghosen voll. Denn es gibt auch ein paar nennenswerte Gründe *für* das Wandern. Die erfahren Sie, wenn Sie dieses Buch weiterlesen.

Nachtrag: Mir kam gerade ein Artikel unter die Augen, der die Gesamtzahl der im vorletzten Jahr beim Schwimmen in Freibädern, Seen oder Flüssen ertrunkenen Deutschen enthält: 324. Man sollte alles in der Relation betrachten.

# *Aus dem geheimen Leben der Wanderschuhe*

*Abstellregal. Trübes Licht.*

**Linker Stiefel:** Wann kommen wir endlich wieder raus?

**Rechter Stiefel:** Reg dich nicht auf. Es ist Mitte Mai. Es kann nicht mehr lange dauern.

**Linker Stiefel:** Er war schon weg. Ohne uns.

**Rechter Stiefel:** Wenn er im Flachland wandert, nimmt er die Turnschuhe. Wir sind ihm da zu klobig. Seine Frau will nicht immer ins Hochgebirge.

**Linker Stiefel:** Mitte Mai war er sonst immer schon draußen mit uns.

*Pause.*

Vielleicht hat er uns ja satt.

**Rechter Stiefel:** Dann hätte er uns letzten Dezember nicht neu besohlen lassen. 70 Euro hat er dafür ausgegeben.

**Linker Stiefel:** Du hast Recht, er ist geizig.

**Rechter Stiefel:** Nicht, was das Wandern betrifft. Seit drei Jahren nimmt er im Sommer immer unbezahlten Urlaub, nur um mit uns unterwegs zu sein. Er verzichtet ja dadurch auf Geld.

**Linker Stiefel:** Weißt du noch, wie entsetzt wir damals waren, als er uns anprobiert hat! Ich dachte: Bitte, großer Schuster im Himmel – lass diesen Knilch an uns vorübergehen!

**Rechter Stiefel:** Er hat auch andere getestet, aber wir haben ihm eben am besten gepasst.

**Linker Stiefel:** Der Verkäufer hat ihm eingeredet, dass er uns nehmen soll! »Ideal, wenn Sie leicht Blasen kriegen, bla bla! Schön breit, sehr feste Sohle.« Wir sind für Hochtouren gedacht, für Fels und Eis, Reinhold Messner hätte seine Freude an uns. Wir haben Rillen für Steigeisen! Und wie oft hat er uns schon Steigeisen angelegt?

**Rechter Stiefel:** Ich kann den Alten aber verstehen, er hatte tatsächlich schwere Fußprobleme. Er hat es mal Freunden erzählt, als du schon eingeschlafen warst. Seine letzten Bergschuhe waren zu eng gewesen. Beim Wandern auf Kreta bekam er beim langen Abstieg durch die Samaria-Schlucht zuerst Blasen, und weil er die wunden Stellen schonen wollte, hielt er einen Fuß so krumm, dass er sich eine Sehnenentzündung holte. Eine Woche lang konnte er nur noch humpeln. Er dachte schon, jetzt wäre es für immer aus mit dem Wandern. Aus Wut hat er die alten Treter am Strand in einen Mülleimer geworfen.

**Linker Stiefel:** Die Armen! Da siehst du, was das für ein Bursche ist!

**Rechter Stiefel:** Ich versteh dich nicht. Wir sind ganz schön weit rumgekommen. Zwei Alpenüberquerungen – die meisten von uns erleben so was nicht. Und etliche andere Touren. Denk an Amerika! Grand Canyon!

**Linker Stiefel:** Okay, das war nicht übel.

**Rechter Stiefel:** Und die Sella-Überschreitung! Steil durchs Val Setus hinauf, über den Piz Boé, die Pordoi-Scharte hinunter. Da konnten wir zeigen, was wir können …

**Linker Stiefel:** War klasse, ja. Kletterpassagen bergauf, tolles Geröll bergab. Da will ich nicht meckern.

Aber als er uns damals im Regal entdeckte, stand ich kurz vor dem Nervenzusammenbruch. Mindestens Mitte 40 der Kerl, ersichtlich ein Weichei. Ein Alptraum, aus Sicht eines anspruchsvollen Bergschuhs. Unsereins hat ja auch Träume, Ambitionen …

Ein Warmduscher! Auf Berghütten putzt er sich bloß die Zähne, wenn's nur kaltes Wasser gibt. Ein Schattenparker! Auf Wanderparkplätzen sucht er tatsächlich immer Stellen ohne Sonne, oder solche, wo bald Schatten sein wird.

**Rechter Stiefel:** So was kann er gut einschätzen, das muss man ihm lassen …

**Linker Stiefel:** Immer verteidigst du ihn! Weißt du noch: die ersten Ausflüge!

**Rechter Stiefel:** Er hat eben noch geübt. Er hatte sich die Alpentour in den Kopf gesetzt, und ich muss sagen, er hat sich richtig gequält dafür. Hat Gymnastik gemacht, Hanteln geschwungen, ist jeden Tag mit dem Fahrrad zur Arbeit gerast.

**Linker Stiefel:** Ich erinnere mich noch an die erste gemeinsame Tour: wie er mit uns auf den Jochberg am Walchensee hinaufgekrochen ist, 700 Meter Höhenunterschied, in über zwei Stunden. Wie habe ich mich geschämt! Leute in Halbschuhen haben uns überholt.

**Rechter Stiefel:** Aber ein paar Wochen später war er schon viel besser. Rauf auf den Heimgarten, dann über den Grat zum Herzogstand rüber – da habe ich gedacht: Alle Achtung, das wird ja vielleicht doch noch was.

**Linker Stiefel:** Aber runtergefahren ist er mit der Seilbahn, weil es ein bisschen donnerte! Bei Regen will er ja sowieso nie wandern, dabei könnten wir erst dann eine unserer großen Stärken zeigen.

**Rechter Stiefel:** Der Alte ist nun mal so. Lass ihm doch seine Vorsicht. Er will Abenteuer, aber bloß kalkulierte. Er will sich verausgaben, aber möglichst ohne Risiko. Seien wir doch froh, wenn er uns nicht abstürzt oder 'nen Herzkasper kriegt!

**Linker Stiefel:** Stimmt. Am Anfang hatten wir richtig Angst.

**Rechter Stiefel:** Ja, aber gefreut haben wir uns auch, als die große Tour endlich begann! Eines Morgens Anfang Juli gingen wir mit ihm zum Bahnhof und nahmen den Zug nach Oberstdorf.

**Linker Stiefel:** Dort hat er vielleicht ein Tempo vorgelegt! Wir beide kamen kaum noch mit. Als hätte er sein Leben lang auf diesen Moment gewartet. Erst nach Stunden ging ihm die Puste aus. Fast hätten wir das Tal nicht mehr erreicht.

**Rechter Stiefel:** Dass du ihn die folgenden Tage so gedrückt hast, war aber nicht fair.

**Linker Stiefel:** Ich kann nichts dafür bei seinen verweichlichten Füßen. Inzwischen kommt er mit mir prima zurecht.

*Pause.*

Aber dieses Jahr, da stimmt irgendwas nicht.

*Geräusche. Das Licht geht an. Ein Männerarm drückt zwei Schuhe in das dicht gefüllte Regal – Wanderstiefel. Die alten und die neu hinzugekommenen Schuhe sehen sich überrascht an.*

**Linker alter Stiefel:** Jetzt ist mir alles klar. Dieser Hund!

**Rechter alter Stiefel:** Ich versteh' die Welt nicht mehr.

**Rechter neuer Stiefel** *(zu seinem Kompagnon)*: Siehst du, sie sind eifersüchtig. Das war zu erwarten.

**Linker alter Stiefel:** Wir haben die dickeren Sohlen. Wir haben eine Mikrofasermembran. Wir haben mit ihm 1000 Kilometer zurückgelegt, im Hochgebirge, im Geröll, im Schlamm. Was habt ihr hier zu suchen?

**Linker neuer Stiefel:** Äh … liebe Kollegen! Bitte keine Aggressionen. Wir sind auf seinen Wunsch hier.

**Rechter neuer Stiefel:** Wir können euren Zorn verstehen. Aber es ist nun mal so …

**Linker neuer Stiefel:** … wir haben es auch erst heute erfahren, als wir zum ersten Mal mit ihm unterwegs waren …

**Rechter neuer Stiefel:** … er will dieses Jahr durch Deutschland wandern …

**Linker neuer Stiefel:** … durch die Mittelgebirge …

**Rechter neuer Stiefel:** … und da seid ihr ihm zu schwer und zu warm. Wir sind leichter.

**Linker alter Stiefel:** Mittelgebirge? Mittelgebirge sind Mittelmaß! Dieser Schlappschwanz!

**Rechter neuer Stiefel:** Er will mal was anderes machen, hat er gesagt. Liebliche Täler, alte Städtchen, Deutschland erforschen.

**Linker neuer Stiefel:** Er will auch mal seine Frau dabeihaben.

**Rechter neuer Stiefel:** Rothaarsteig. Rheinsteig. Schwarzwald-Westweg. So was ist jetzt angesagt.

**Linker alter Stiefel** *(mit affektierter Stimme)*: Rothaarsteig! Wie süß! Rheinsteig! Hach, wie putzig! Schwarzwald! Will er da Kuckucksuhren kaufen? Was für'n Mist!

**Rechter neuer Stiefel:** Regt euch ab! Wenn ich ihn richtig verstanden habe, kommt ihr auch bald wieder dran. Er will im Sommer noch ein paar Tage in die Schweiz, wenn das Wetter gut ist. Zermatt. Irgendwelche Dreitausender. Da habt ihr sicher die besseren Karten, für uns ist das eine Nummer zu groß.

**Linker neuer Stiefel:** Mit seiner Frau hat er auch darüber geredet, nächstes Jahr mit euch nach – wie sagte er? – Neapel zu fahren, zum Monte Veres.

**Linker alter Stiefel:** Neapel? Monte Veres?

**Rechter alter Stiefel:** Nepal? Mount Everest?

**Rechter neuer Stiefel:** Ja, genau das war's.

**Linker alter Stiefel:** Er ist verrückt geworden!

**Rechter neuer Stiefel:** Er will nicht auf den Gipfel, sondern bloß in die Nähe.

**Rechter alter Stiefel:** Ach so! Everest-Trekking! Zum Basislager! Juhuu!

**Linker alter Stiefel:** Die Krönung unserer Existenz! Jippie! Jippie! Juhuu!

*Die beiden Alten beginnen vor Freude zu trampeln.*

**Rechter alter Stiefel:** Olé, olé, olé, oleee …

**Rechter neuer Stiefel:** Hilfe! Das wackelt alles hier …

Wecker abstellen. 6.50 Uhr. Montagmorgen. Arbeiten gehen. Seltsames Zeug geträumt.

Frühstück machen. War 'ne schöne Tour gestern. Wurde spät. In den neuen Schuhen geht sich's gut.

Was ist denn das für ein Verhau? Alle vier Wanderstiefel aus dem Regal gefallen. Hab die beiden neuen gestern Abend auch nur so reingeklemmt. Muss da mal aufräumen.

# *Warum nur, warum?*
# *Mutmaßungen über ein Hobby*

»Wandern ist ge(h)sund«, heißt es in der Reklame für ein Südtiroler Hotel. Dieses flache Wortspiel hätte ich mir nicht erlaubt, aber gegen den Inhalt lässt sich wenig einwenden.

»Sie spüren den Atem, die frische Luft, das Herzklopfen, den Schweiß, die Müdigkeit und Leichtigkeit des Körpers. Sie finden den Rhythmus des Lebens und genießen das Meditieren beim Gehen«, verkündet eine Broschüre für »Wanderhotels«. So plakativ hätte ich das nicht geschrieben, aber stimmen tut es schon.

»Nur wo man zu Fuß war, ist man wirklich gewesen«, lautet der Slogan eines Wanderreise-Veranstalters. Pathetisch formuliert, aber sicher nicht falsch.

An (pseudo-)psychologischen Begründungen fürs Wandern herrscht kein Mangel; zahlreiche Werbefritzen leben neuerdings davon, sich möglichst Wohlklingendes über unser Hobby aus den Fingern zu saugen.

Naheliegend ist es, über den Zusammenhang des Wanderrevivals mit den allgemeinen Zeitläuften zu spekulieren. Am schönsten vermag das der schon erwähnte Marburger »Wander-Professor« Rainer Brämer, den ich mal zu diesem Thema befragte. Er dozierte mir aufs Band:

»Genau genommen erleben wir heutzutage die Welt doch

fast nur noch durch Glasscheiben: zu Hause, im Büro, im Auto, in Freizeitzentren. Und dort sitzen wir auch noch unentwegt vor PC- und TV-Schirmen – eine Glasmenagerie. Dabei ist nur noch einseitig unser Kopf gefordert und nicht selten überfordert. Tatsächlich ist unser artgerechtes Biotop aber nun mal die Natur, hier können wir alle unsere Sinne und Fähigkeiten einsetzen. Dort sind wir infolgedessen ›anstrengungslos aufmerksam‹, und das ist enorm erholsam. Mittlerweile brauchen viele Menschen den Fußtrip in die Natur schon alle paar Wochen, um wieder ins Lot zu kommen. Ohne regelmäßige Naturkontakte halten wir unsere eigene Hightechzivilisation nicht mehr durch.«

Klingt überzeugend. Nicht ganz neu daran ist freilich, die Natur als unentfremdete Gegenwelt zu begreifen, in die man vor den Zumutungen der Großstadt und der Industriezonen fliehen kann; das hatten die Romantiker schon im 19. Jahrhundert getan.

Vor allem in einem Punkt spricht mir Brämer aber aus der Seele: Wenn ich einige Wochen nicht gewandert bin, wächst in mir ein schmerzliches Sehnen nach dem Pfad, nach dem Wald, nach den Geräuschen der Natur, nach den schönen Aussichten, nach dem Spüren des Körpers, nach der Ruhe, nach der Erschöpfung.

Womit ich nun doch noch einen Anlauf nehmen möchte, meine Passion in eigenen Worten zu schildern. Mir gefällt am Wandern: alles. Genauer gesagt, meinem Körper, meinem Unterbewussten gefällt's. Was ich (das denkende Hirn) dazu meine, ist eher sekundär.

Erklärungsbedürftig? Bitteschön: Vor einiger Zeit befasste ich mich journalistisch mit der neueren Gehirnforschung und ihren Befunden. Einer davon ist, dass nicht das bewusste Ich des Menschen die Entscheidungen trifft (es darf allenfalls »Vorschläge« machen), sondern ein unbewusstes Beurteilungssystem.

Als Beweis dafür wird angesehen, dass eine Entscheidung bereits etwa eine halbe Sekunde früher fällt, als sie ihrem Inhaber ins Bewusstsein dringt. Es scheint prinzipiell so zu sein, dass eine Entscheidung in einer emotionalen Tiefenschicht getroffen wird und das »Ich« sie nur noch zur Kenntnis nehmen kann. Dessen Funktion besteht dann darin, sich für das »Kommando von unten« mehr oder weniger plausible Begründungen zusammenzureimen. Die nennt man Konfabulationen.

Mich hat diese Theorie von der ersten Minute an fasziniert, weil sie erklärt, warum Menschen oft etwas anstellen, für das ihnen keine rechte Erklärung einfällt. Und ich meine, dass meine Liebe zum Wandern auch auf so einer schwer erklärlichen Direktive aus den Abgründen meines Hirns basiert.

Irgendwann, es war wohl vor etwa zehn Jahren, schoss mir durch den Kopf, es müsse toll sein, die Alpen zu Fuß und mit dem Rucksack auf dem Buckel zu überqueren. Ich weiß nicht mehr genau, bei welcher Gelegenheit mir diese Idee ins Oberstübchen flashte, vielleicht war's beim Betrachten der Gipfelkette irgendwo südlich von München. Das Gebirge per Auto, Eisenbahn oder Flugzeug zu überwinden, ist ja schon eine großartige Sache, werde ich mir wohl gedacht haben – um wie viel schöner muss es erst sein, das ganz beschaulich zu Fuß zu tun.

Vermutlich fiel mir auch auf, dass ich dies in meinem

körperlichen Zustand nie schaffen würde. Zwar war ich schon bis dahin ein eifriger Wanderer, aber doch eher einer, der mit der Seilbahn auf den Berg fährt, im Gipfelrestaurant ein Bier trinkt und dann zur Mittelstation runterwackelt, an guten Tagen auch mal zur Talstation. Jedenfalls erschienen mir Aufstiege von 1000 Höhenmetern oder mehr als Quälerei weit jenseits meines Leistungsvermögens. Die Idee der Alpenüberquerung schlummerte also erst einmal in mir, dann platzte sie sogar – zusammen mit einer Lendenwirbel-Bandscheibe, die mir den berüchtigten »Vorfall« verpasste.

Dass ich dann aber später meine fixe Idee trotz einer 15 Zentimeter langen Operationsnarbe verwirklichte, muss wiederum mit jener mysteriösen inneren Stimme zu tun haben. Ein oft zitierter Slogan der Verfechter der neuen Gehirntheorie lautet: Wir tun nicht, was wir wollen, sondern wir wollen, was wir tun. Analog stelle ich die These auf: Nicht ich wandere, sondern es wandert mit mir. Soll heißen: Ich werde die wahren Gründe für den Ausbruch meiner Wanderleidenschaft gar nie eruieren können, vielleicht gibt es nicht einmal Gründe im engeren Wortsinne – sondern alles, was mir dazu einfällt, sind Mutmaßungen, eben jene schon erwähnten Konfabulationen. Etwa folgende:

Durch die Natur zu streifen, tut mir einfach gut. Es beruhigt mich, regt mich an, hebt die Laune, inspiriert mich, versetzt mich in Euphorie oder auch mal in meditative Zustände. Ob das nun am veränderten Puls liegt, an der Stille, an den Farben, an der Monotonie des Gehens oder an was auch immer – ich weiß es nicht, und es ist auch egal. Gut ist gut.

Außerdem: Ich bin schon immer leidenschaftlich gern gereist. Mein Lieblingsfach in der Schule war Geografie, später studierte ich es auch. Und in den letzten Jahren kam ich wohl zu der Erkenntnis, dass Reisen noch intensiver ist, wenn man es ganz oder teilweise zu Fuß tut.

Dass meine Wanderliebe erst recht spät zur Leidenschaft mutiert ist (mit etwa Mitte 40), passt natürlich haargenau zum »Midlife-Crisis-Versportungsphänomen«, dem erstaunlich viele Männer anheimfallen. Zwischen Ende 30 und Ende 40 bricht in zahlreichen Geschlechtsgenossen unbändiger Bewegungsdrang aus. Von nun an wird fanatisch gejoggt, gegolft, Tennis gespielt, Rad gefahren, gelaufen, im Fitnessstudio geächzt oder, in meinem Fall, berggewandert. Ich kenne Arbeitskollegen, die lange Jahre pflichtbewusste Arbeitstiere waren und über Nacht zu sehnigen Marathon-Men wurden, die in der Kantine fast nur noch über Laufschuhe, Übungsstrecken und das nächste Rennen reden (»Diesmal will ich endlich unter dreieinhalb Stunden bleiben«). So ein Bursche bin ich jetzt wohl auch!

Warum tun wir alten Jungs so was? Suchen wir einen neuen »Kick«, weil das Berufsleben dazu tendiert, langweilig zu werden, sehnen wir uns nach einer Kompensation für die stagnierende Karriere? Wollen wir trotz verblassender Jugend den Damen imponieren und bekämpfen deshalb inbrünstig das Bäuchlein und stärken die Muckis? Versuchen wir, die eventuell ein wenig nachlassende, äh, Potenz symbolisch aufzurichten? Glauben wir, durch das Sporteln länger zu leben (Gesundheitsstatistiker haben da ihre Zweifel)?

Jedenfalls scheint mir der späte Sportfimmel der Männer ein weiterer Beleg für jene unbewusst-kreatürlichen Handlungsdirektiven zu sein, unter deren Knute wir stehen. Ob man dann radelt, segelt oder wandert, entscheidet die Biografie. Weil ich von meinen Eltern schon in jüngsten Jahren in den Wald und auf die Berge geschleppt wurde, fiel bei mir die Entscheidung so und nicht anders.

Ein wichtiger Grund ist meinem konfabulierenden Hirn gerade noch rechtzeitig vor dem Ende des Kapitels eingefallen. Nämlich: Das Wanderhobby vertreibt trübe Zukunftsgedanken, denn es gibt ja noch so viel zu tun, besser gesagt: zu begehen. Die restlichen Freizeitphasen meiner irdischen Existenz sind jetzt schon voll ausgebucht: Vier neue Alpenüberquerungen habe ich bereits ausgetüftelt, durch Deutschland von Nord nach Süd würde ich auch gern mal am Stück wandern, und da gibt es noch allerhand Gebiete auf der Welt, in denen ich noch nicht war oder die ich erneut besuchen könnte.

Die nächsten zirka 20 Jahre haben mein Gehirn und meine Füße also noch einiges vor. Bleibt nur zu hoffen, dass die Partien dazwischen mitspielen und auch mein Bankkonto keine Einwände erhebt.

## *Im Albtal: Der Trott der frühen Jahre*

Mama lacht. Papa lacht. Papa gibt Mama Kuss, ganz lang. Sonne scheint. Auf der Wiese Kühe. Fressen Gras. Das gibt Milch, sagt Mama. Ich auch Gras essen. Bäh. Mama sagt bäh, putzt mir Fuß ab, Kuhpflader. Nicht in Kuhpflader treten.

Lift fahren. Ganz hoch, dann laufen. Viele Berge. Papa sagt, Berge schön.

Berg runter, gut. Berg rauf, nicht gut. Papa trag mich. Papa hat Rucksack mit Löcher drin, für meine Füße durchstecken. Laufen blöd. Papa Berg rauftragen besser.

*Drei Jahre*

Was wir sonntags immer tun: Mein Vater, meine Mutter, mein Bruder und ich fahren am Sonntag meistens wandern in den Schwarzwald. Wir müssen früh aufstehen und zu Fuß zum Bahnhof gehen. Da fahren wir entweder mit der Albtalbahn ins Albtal oder mit der Bundesbahn ins Murgtal. Öfter ins Murgtal, denn mein Vater ist bei der Bundesbahn und wir dürfen mit der Personalfahrkarte billig fahren. In Gernsbach, Forbach oder Schönmünzach steigen wir aus und gehen einen Berg herauf. Meistens regnet es. Mein Vater sagt dann: »Das macht nichts.« Meine Mutter hat Bratwürste dabei, die essen wir, wenn wir trockene Äste finden, um Feuer zu machen. Dann spießen wir die Wurst auf einen andern

Ast und halten sie ins Feuer. Manchmal wird sie ganz schnell schwarz, aber wir essen sie trotzdem, mit Senf. Wenn es regnet, essen wir die Wurst kalt, auch mit Senf. Dazu gibt es Zitronentee, den wo meine Mutter zu Hause gemacht hat und dann in eine Flasche goss. Der Zitronentee schmeckt sehr gut, weil nicht nur Zitrone drin ist, sondern auch Zucker.

Wenn es keinen Nebel hat, haben wir manchmal Aussicht. Meistens sind aber so viele Bäume da, dass man nichts sieht, nur die Bäume. Auf manchen Bergen gibt es Aussichtstürme: auf dem Hohloh, auf der Badener Höhe, auf dem Merkurius und sogar auf der Hornisgrinde und auch noch woanders. Vom Turm aus kann man auf noch mehr Bäume herunterschauen. Dann sind wir froh.

Später steigen wir wieder ins Tal ab und fahren nach Karlsruhe zurück. Erschöpft, aber zufrieden kommen wir immer in der Wohnung an.

*Sieben Jahre*

In den großen Ferien fuhren wir mit dem Zug in die Schweiz nach Grindelwald. Unterwegs habe ich mich gewundert, dass viele Häuser in der Schweiz einer einzigen Frau gehören, Tea Room.

In Grindelwald ist alles voll Berge. Es gibt die steilen Berge aus Stein oder Eis, da kann man nur raufklettern, was wir aber nicht machten. Und die weniger steilen aus Lehm und Gras, wo man wandern tut, was wir sehr oft machten.

Am besten gefallen hat mir die Schweizer Orangenlimonade, sie ist orange und nicht gelb wie hier und schmeckt auch so. Und die Pommes frites, die ich immer mittags essen durfte. Auch gut gefallen haben mir die vielen Zahnradbahnen. Wenn wir in ihnen fuhren, mussten wir nicht wandern.

Einmal sind wir mit einer Zahnradbahn ganz rauf gefahren bis zum Jungfraujoch, was so hoch ist, dass man fast keine Luft mehr kriegt und der Fahrpreis ganz teuer ist. Aber es war alles voll Nebel. Wir warteten viele Stunden und spielten Karten, bis der Nebel weggehen sollte, aber er tat es nicht. Dann kaufte meine Mutter eine Postkarte, wie es aussieht, wenn Sonne ist. Wir fuhren wieder runter und am nächsten Tag heim. Der Urlaub war sehr schön eigentlich.

*Acht Jahre*

Mal Rinderbraten, mal Schweinebraten. Mal mit Kartoffeln, mal mit Knödeln, mal mit Spätzle. Vollpension auf der Seiser Alm, Dolomiten.

Noch vier Tage. Von mir aus könnte es jetzt schon zu Ende sein. Natürlich ist die Landschaft schön. Ich fotografiere und fotografiere. Buckelwiesen im Gegenlicht. Kuhporträts. Pferde vor Bergwelt. Mutter im Regen. Vater beim Malen. Letzte Sonne zwischen Bergzacken. Nebelfetzen vor Felswand.

Aber nur Natur, Natur, Natur. Außer Wandern kann man nichts machen. Kein Fernsehen, kein Radio, keine Musik. Muss mit meinem Bruder ein Zimmer teilen. Muss mit Kniebundhosen und kratzigen Wollstrümpfen herumlaufen. Entwürdigend, obwohl es weit und breit keine Mädchen gibt. Mädchen wandern nicht, sie fahren an den Strand.

Das ist sicher das letzte Mal, dass ich mit den Alten verreist bin.

Noch vier Tage.

*15 Jahre*

## *»Willst du mich umbringen?«*
## *Ehewandern und seine Abgründe*

Meine Frau und ich haben viele Probleme: das Steilheitsproblem, das Vorausgehproblem, das Verpflegungsproblem, das Pausenproblem, das Himbeerproblem, das Insektenproblem – dazu später. Das größte Problem ist freilich, dass ich gerne wandere, sie nicht.

Da sie gegen den letzten Satz eine Gegendarstellung angedroht hat, korrigiere ich mich. Richtig ist, dass unsere Vorstellungen vom Wandern unterschiedlich sind. Bei mir hat Wandern etwas mit »sich anstrengen« zu tun.

Nachdem ich ihr aber lange und intensiv von meiner ersten Alpenüberquerung vorgeschwärmt hatte, fand sie sich bereit, an der zweiten teilzunehmen. Sie murmelte etwas davon, sie wolle dadurch »unsere Ehe retten«.

Ihr erster Protest kam bereits anderthalb Stunden nach dem Aufbruch in Oberammergau.

»Uff, es steigt!«

»Daran wirst du dich gewöhnen müssen.«

»Verdammte Alpen!«

»An das Steigen gewöhnt man sich.«

»Ich nie.«

»Der Weg steigt nur unmerklich.«

»Ach was!«

»Bis Italien sind es ungefähr 10 000 Höhenmeter. Irgendwann müssen wir ja damit anfangen.«

»Wo ist der nächste Bahnhof?«

»In Oberammergau, wo wir herkommen.«

»Wenn es nur Frauen gäbe, käme niemand auf die blöde Idee, auf Berge zu steigen.«

Unsere gemeinsame Alpenüberquerung war ein Experiment, der Versuch eines Kompromisses: Ich, der ambitionierte, relativ fitte, leistungsorientierte Wanderer, und meine Frau, die es gerne gemütlich hat. Der Kompromiss, der herauskam, lag recht weit auf meiner Seite, zum Leidwesen meiner Frau.

Doch nach anfänglichem Maulen legte Annie den Turbo ein, und so erreichten wir Garmisch-Partenkirchen wie geplant. Selbst den anstrengenden Anstieg zur Meilerhütte auf dem Wetterstein-Kamm meisterte sie bravourös. Wer aufsteigt, muss freilich auch absteigen, und hier lag nun das Problem.

Unser Ziel war das Leutasch-Tal, 1400 Höhenmeter tiefer. Nach ein paar Schritten sahen wir die Bescherung. Das war kein Weg mehr, das war ein Steilhang mit aufgemalten Wegmarkierungen. Annie erbleichte.

»Willst du mich umbringen? Du hast eine andere. Ich habe es immer gewusst.«

»Sei nicht blöd!«

»Wie heißt sie? Wie lange geht das schon? Ist sie blond?«

»Ich habe nicht geahnt, dass es hier so steil ist. Das ging so nicht aus der Karte hervor. Schau mal, da unten wird der Weg wieder normaler. Ja, schau, ganz da unten!«

Leider ist meine Frau nicht schwindelfrei. Beim alpinen

Bergwandern stellt das einen gewissen Nachteil dar. Allerdings hatte ich Annie mehrfach versichert, eine Route gewählt zu haben, auf der Höhenangst nicht ganz auszuschließen, aber exponierte Passagen doch eher selten seien. Im Großen und Ganzen habe ich Recht behalten – wenn man »selten« nicht so eng definiert.

Wie immer vor Bergtouren hatte ich gehofft, dass ich ihr im Ernstfall durch gutes Zureden würde klarmachen können, dass das Gelände zwar steil sei, dass aber ein Abrutschen vom Weg allenfalls eine kleine Verletzung, nicht aber einen tödlichen Absturz bedeuten würde. Normalerweise stimmt das auch. Doch hier konnte man sich tatsächlich das Genick brechen.

Mein Goldhase blieb heil. In Zeitlupe rutschte Annie auf dem Hintern die Felsen runter, während ich unsere beiden Rucksäcke voraustrug. Damit war die Tortur nicht zu Ende. Wir mussten noch viele andere Steilstellen bewältigen, die auf diesem brutalen Abstieg lauerten und die auch mir zu schaffen machten.

Erst gegen Abend kamen wir völlig erschöpft im Tal an. Annies Entschluss schien klar: Am nächsten Tag würde sie mit Bus und Bahn nach München zurückfahren.

Anderthalb Wochen später – und nach weiteren harten Prüfungen – erreichten wir den Zielort Brixen in Südtirol. Meine Begleiterin hatte tapfer durchgehalten, kündigte aber gleich an, mich auf dem zweiten Teil der Tour, fürs darauf folgende Jahr geplant, nicht mehr zu begleiten.

Seither waren wir freilich immer wieder zusammen unterwegs, zuletzt auf der Tour durch die deutschen Mittelgebirge. Für uns gilt anscheinend: Eigentlich können wir beide nicht miteinander (wandern), wir versuchen's aber trotzdem immer wieder.

Schon das paarweise Gehen ist ein Problem. Auf schmalen Wegen muss zwangsläufig einer vorne und einer hinten gehen. Geschlechterpolitisch korrekt wechseln wir uns ab, wobei ich mich als Hintermann oft stark drosseln muss und deshalb manchmal Pausen einlege, um Annie bald wieder einzuholen. Geradezu tückisch ist das Vorausgehen. Entferne ich mich zu weit, fühlt sich Annie unter Tempostress. In ihrer Geschwindigkeit zu gehen, ist aber schwierig, ich habe ja hinten keine Augen. Wenn ich auf sie warte und wieder losgehe, wenn sie herangekommen ist, nimmt sie mir das besonders übel, weil sie dann keine Verschnaufpausen hat.

Auf breiten Wegen versuchen wir nebeneinander zu gehen. Das klappt oft nicht recht, ich bin etwa dreißig Zentimeter voraus und werde deshalb von meiner Frau ermahnt. Ich bremse, sie ist wieder auf gleicher Höhe, zehn Sekunden später bin ich wieder vorne. »Du bist zu schnell!«, sagt sie. »Du bist zu langsam!«, sage ich. Sie behauptet, ich trüge ein »Kleinasien-Gen« in mir, das mich veranlasse, vor ihr herzuschreiten. Damit spielt sie auf den vertrauten Anblick an, den Migrantenfamilien auf deutschen Bürgersteigen bieten: Die Dame mit Kopftuch geht immer ein paar Schritte hinter ihrem Herrn und Gebieter.

Natürlich liegt mir nichts ferner als so etwas. »Du gehst doch aus feministischer Bosheit absichtlich langsam, um etwas gegen mich in der Hand zu haben«, werfe ich ihr dann so oder ähnlich vor, wissend, dass ich damit so wenig Recht habe wie sie mit dem Türkenvorwurf.

Für die in der Tat seltenen Fälle, dass bei anderen wandernden Paaren die Frau vorne geht, hat sie auch eine Erklärung bereit: »Da hat der Mann sicher schon einen Herzinfarkt gehabt.«

»Wo ist denn hier der nächste Cola-Automat?« Mit solchen Scherzen signalisiert Annie, dass ihrer Meinung nach schon wieder Zeit für eine Pause wäre. Auch ich brauche Unterbrechungen – aber doch nicht jede halbe Stunde! Was das Rasten betrifft, gibt es weitere tief reichende Mentalitätsunterschiede zwischen uns. »Wandern – das sind für mich die Pausen zwischen den Gasthöfen«, formulierte meine Gattin mal. Und wenn ich sie von der Einkehr abhalten kann oder es keine Verpflegungsstationen gibt, dann müssen es dick belegte Salamibrötchen aus dem Rucksack oder wenigstens Schokoriegel sein. Mir genügen hingegen als Marschverpflegung Kekse – die sind ja auch am leichtesten. Öffne ich aber den Rucksack und fördere lediglich eine Packung Trockengebäck zutage, treffen mich vernichtende Blicke.

Annie bestraft mich, indem sie im Wald nach Essbarem sucht. Leider wird sie häufig fündig und zupft sich dann Himbeeren, Brombeeren und Ähnliches vom Gesträuch, wodurch wir aufgehalten werden. Generös bietet sie mir von ihrer Ernte an, doch ich lehne grundsätzlich ab, mit der Begründung, durch den Genuss könne man sich einen grässlichen Parasiten namens Fuchsbandwurm zuziehen; infizierte Wirtstiere könnten ihren Urin über die Früchte verteilt haben. Mir ist selbst nicht ganz klar, wie Fuchs und Füchsin es anstellen, ihre Ausscheidungen meterhoch auf Büsche zu verfrachten. Dennoch bleibe ich unnachgiebig – wahrscheinlich in der Hoffnung, meine Frau von dieser Variante des Müßiggangs abzuhalten. Bislang vergeblich.

Immerhin besitzt meine Gattin auch eine Marotte, die auf gemeinsamen Touren für Unterhaltung sorgt. Kommt ihr ein sogenannter Brummer zu nahe, erstarrt sie und ruft mich zu Hilfe. Ich muss dann das Insekt – eine Biene, Wespe, Hummel oder Hornisse – verjagen. Dabei weiß doch jeder, dass diese Tiere im Prinzip harmlos sind und nur dann zustechen, wenn sie sich in Lebensgefahr wähnen! Deshalb bleibe ich ganz cool, wenn einer dieser Kandidaten mich umschwirrt.

Als mich aber neulich eine Biene in den Fuß stach, die in den Schaft meines Bergstiefels geraten war, war's mit meiner Gelassenheit vorüber. Ich warf mich auf den Boden, riss die Schnürsenkel auf und den Schuh herunter, zerquetschte wütend das Tierlein und dachte daran, mich unverzüglich in ärztliche Obhut zu begeben. »Infektion, Siechtum, Amputation« ging mir durch den Kopf. Die Beule war indes nach einer Woche wieder verschwunden.

Außerdem leide ich, muss ich zugeben, unter einer stark ausgeprägten Stechmückenphobie. Ich erkenne Schnaken auf viele Meter Entfernung am leisen Sirren, und wenn sich ein solches Tier in das Zimmer unserer Herberge verirrt hat, kann ich nicht einschlafen. Dann vollführe ich akrobatische Insektenjagden oder sprühe mich von Kopf bis Fuß mit Gift ein, was verständlicherweise auf Annies Protest trifft.

Wenn ich das alles so erzähle, drängt sich mir der Eindruck auf, dass meine Frau und ich auch in Sachen Wandern ganz gut zueinander passen. Deshalb werde ich versuchen, ihr weiterhin gemeinsame Touren schmackhaft zu machen. Eventuell nehme ich sogar Schokoriegel mit.

## *Dein Weg ist nicht unbedingt mein Weg*

Man kann so oder so wandern. Und auch noch so, so oder so. Mindestens. Bei 40 Millionen sich derart die Zeit vertreibenden Deutschen gibt es logischerweise große Unterschiede darin, wie sie's tun.

Die allermeisten machen – zum Beispiel – bloß Tagesausflüge. Selbst Wanderurlauber bleiben in der Regel in einem einzigen Hotel. Ich ticke da ein bisschen anders. Natürlich mache ich auch Tageswanderungen, bevorzuge jedoch mehrtägige Strecken (im Idealfall zwei Wochen oder länger).

Solche Touren sind etwas völlig anderes. Obwohl zelten für mich nicht in Frage kommt (allein der Rucksack wäre mir zu schwer), haftet dem Weitwandern, gerne auch Trekking genannt, etwas Primitives an, das mir gut gefällt. Du hast nur dich, das, was du am Leibe trägst, und acht bis zehn Kilo auf dem Buckel. Damit musst du zurechtkommen. Wo du am Abend dein Haupt bettest, weißt du nicht genau. Selbst wenn du telefonisch reserviert hast (empfiehlt sich für kleinere Ortschaften, Berggasthöfe oder Hütten), weißt du nicht, ob die Absteige hübsch oder hässlich ist, an einer Schnellstraße oder am Waldrand liegt, ob du dich kuschelig geborgen fühlst oder den nächsten Tag gerädert antrittst.

Weitwandern mit dem Rucksack ist ein Abenteuer, aber eines fast ohne Risiko. Aussteigertum mit Rückkehrgarantie.

Zivilisationsferne, abends gerne mit Feinschmecker-Menü. So was mag ich.

Außerdem finde ich den Gedanken, von einem festen A nach einem festen B zu kommen, faszinierend, jedenfalls wenn dabei Gefühlswerte mitschwingen. Vom kühlen Bayern ins mediterrane Norditalien zu Fuß – welch schöne Herausforderung! Als ich vor einigen Jahren mit Annie die USA von Ost nach West durchquerte (mit dem Mietwagen, gewandert wurde allerdings auch ein bisschen), füllte ich eine leere Cola-Flasche mit dem Atlantikwasser am Rockaway Beach in New York, legte sie in den Kofferraum und goss den Inhalt am Ende feierlich unter der Golden-Gate-Brücke bei San Francisco in den Pazifik. Andere mögen so etwas für albern halten – mir gefällt's.

An die Zeit vor meiner ersten großen Tour denke ich so gerne zurück wie an diese selbst. Es war eine spannende Zeit: Ich verglich Rucksäcke vor allem im Hinblick auf Gewicht. Ich kaufte mir superleichte Kunstfaser-Kleidungsstücke, aber nur zwei von jeder Sorte, was mich zu häufigen abendlichen Waschgängen zwingen würde. Ich stellte eine Liste der Dinge auf, die unbedingt mitzunehmen wären, und strich sie gnadenlos zusammen. Lektüre: nur ein mittelstarkes Taschenbuch. Zahncreme, Hautcreme, Sonnencreme: Sie waren so leerzudrücken, dass der Rest gerade für unterwegs reichte. Toilettenbeutel: zu schwer, eine Mülltüte tut's auch als Behältnis. Lange beriet ich mich mit mir über die Frage des Rasierschaums und testete die Kandidaten mit der Küchenwaage: Eine halb leere Tube Rasiercreme oder ein Stick mit fester Rasierseife? Die feste Rasierseife machte das Rennen, nachdem ich auf die Idee gekommen war, die Hälfte davon einfach abzuschneiden und wegzuwerfen. Und vor der Abreise achtete ich darauf, dass nur wenige Münzen den Brustbeutel beschwerten.

Natürlich lassen sich Wanderer auch von unterschiedlicher Motivation antreiben. Die meisten bevorzugen das Vorwärtskommen in einem beschaulichen Tempo, ich setze mir gerne herausfordernde Ziele, natürlich erst, seit ich durch Übung die entsprechende Kondition dafür besitze. Im Gebirge dürfen es schon 1000 Meter oder mehr rauf und dann wieder runter sein, in flacherem Gelände 30 Kilometer oder mehr an Strecke. Wenn ich nach einer Tour nicht rechtschaffen müde bin, fühle ich mich nicht ganz glücklich.

Ich weiß, dass Sportskanonen meine Leistungen belächeln werden, aber ich bewerte sie vor dem Hintergrund dessen, dass ich mich lange als ausgesprochen unsportlichen Menschen eingeschätzt habe. In der Schule gehörte ich zu den Schwächsten in den Leibesübungen; mein Rekord im Weitsprung, ich weiß es noch, betrug 3,64 Meter, im 100-Meter-Lauf 15,1 Sekunden, beim 1000-Meter-Lauf erreichte ich das Ziel nur mit größter Mühe, und beim Fußball musste ich mangels Schnelligkeit immer das Tor hüten, wobei ich nur jene Schüsse abzuwehren vermochte, die zufällig meinen Körper trafen.

In diesem Zusammenhang muss ich auch das blamabelste Ereignis meines Reporterlebens beichten. Vor gut zehn Jahren verfasste ich einen Artikel über den Gletscherrückgang in den Alpen. Dazu reiste ich unter anderem nach Chamonix, wo sich dieser Prozess darin manifestierte, dass im damaligen Sommer Reste einer indischen Passagiermaschine aus dem Eis schmolzen, die 40 Jahre vorher am Gipfel des Montblanc zerschellt war. Wegen eines wochenlangen Schneesturms hatte man damals weder Rettungs- noch Bergungsarbeiten durchführen können.

Gemeinsam mit einem örtlichen Bergführer und einem Schweizer Fotografen stieg ich nun auf einem Waldweg zu einer Verebnung am Bossons-Gletscher auf, wo man angeblich Flugzeugtrümmer, Teile der Ladung und sogar Schädelbruchstücke finden konnte. Obwohl die beiden Gebirgsprofis langsam machten und ich für meine damaligen Verhältnisse aufwärtsstürmte, kam ich nicht hinterher. Die beiden warteten am Ziel wohl zehn Minuten auf mich, und als ich oben war, musste ich mich erst einmal hinlegen, und der besorgte Guide de montagne gab mir aus einem Flachmann etwas Scharfes zu trinken. Die empfundene Scham dürfte, wenn auch mit einiger Verspätung, als nagendes Minitrauma zu meiner sportlichen Erweckung beigetragen haben. Auf dem Gletscher fanden wir übrigens nichts von dem, was wir suchten, jedoch beinahe den Tod, als uns die Blöcke eines Eisabbruchs nur knapp verfehlten.

Damals in Chamonix kam ich auch auf den Gedanken, einmal in meinem Leben den Montblanc besteigen zu wollen. Ganz habe ich diesen Plan noch nicht aufgegeben, neige aber in den letzten Jahren dazu, mich endgültig mit dem Wandern zu bescheiden und das Bergsteigen anderen zu überlassen. Ich habe mächtigen Respekt vor Gletschern. Einen grausigeren Tod als in eine Gletscherspalte zu stürzen und dann langsam zu erfrieren kann ich mir kaum vorstellen, und auch der Gedanke, in einer Lawine zunächst zu überleben und dann zu ersticken, macht mir keine Lust auf Hochtouren. Und um mich in einer Felswand mit den Armen nach oben ziehen zu können, müsste ich mindestens drei Jahre lang im Fitnessstudio den Bizeps stärken. Nein, das muss nicht sein.

Wandern ist dem allgemeinen Verständnis nach ein geselliges Tun. Ich bin oft mit meiner Frau, aber manchmal auch ganz allein unterwegs. Letzteres liegt vor allem daran, dass in meinem Freundeskreis Wanderer selten sind – jedenfalls solche, die die Sache ebenso ernst nehmen wie ich. Man findet, was ich tue, zwar interessant und löblich, hat aber dann doch »leider keine Zeit«, muss mit der Familie in den Urlaub fahren usw.

Ich gebe freilich auch zu, dass mir meine Solotouren keineswegs als Notlösung erscheinen. Denn ich kann ohne Kompromisse alles genau so tun, wie es mir behagt, und das ist großartig. Ein Teil des Wanderglücks besteht ja wohl im »Flow«, das ist ein beseligender Zustand, den der US-Psychologe Mihaly Csikszentmihalyi als Erster beschrieben hat. »Flow« verspürt man, wenn man eine Tätigkeit ausführt, die anspruchsvoll und anstrengend ist, und zwar genau so, dass sie einen weder unter- noch überfordert. Beim geselligen Wandern hingegen werden die Schnelleren, Stärkeren leicht frustriert und die Nachzügler gestresst, am Ende ist keiner zufrieden.

Selbstverständlich wäre es im Hochgebirge sicherer, in Begleitung unterwegs zu sein. Auch ist die Einsamkeit beim Alleinwandern nicht immer angenehm; vor allem auf den Berghütten findet man aber leicht Gesprächskontakt. Natürlich habe ich mir schon überlegt, über das Internet Wanderpartner zu finden oder mich einer organisierten Tour anzuschließen. Wenn ich aber die möglichen Unannehmlichkeiten abwog gegenüber der totalen Freiheit als Einzelgänger, konnte ich mich doch nie dazu entschließen.

Gehen bedeutet für mich vor allem sehen. Das dürfte bei den meisten genauso sein, dennoch unterscheidet man sich vermutlich in den Objekten der Kontemplation. Viele erfreuen sich an Details: an Bäumen, am Ameisenhaufen, an der Raupe, dem Tausendfüßler, der Blume am Wegesrand. Nicht dass mir derlei nicht gefiele, ich bin aber vor allem ein Bewunderer der großen Züge einer Landschaft, der Panoramen, Fernsichten, Tiefblicke. Und des Spiels von Licht und Schatten: der beleuchtete Laubbaum vor dem Hintergrund des dunkleren Berghangs. Die Lichtstreifen, die die tief stehende Sonne durch den Wald wirft. Oder die Strahlen, die durch Löcher im Wolkenhimmel dunstig zur Erde flammen und dort wie Scheinwerfer einzelne Partien ausleuchten.

Daraus folgt, dass ich ungern wandere, wenn man nichts sieht. Während die botanisch und zoologisch Bewanderten auch bei Niederschlag oder Nebel auf ihre Kosten kommen mögen, will ich wenigstens ein bisschen Sonne dabeihaben. Selbst grauer Himmel ohne Regen passt mir nicht, auch dann fehlt der Landschaft Prägnanz, Tiefe. Lieber gar nicht losgehen als bei unschönem Wetter.

Deshalb lege ich meine Weitwandertouren in den Juli und August, weil dann die Wahrscheinlichkeit längerer Gutwetterperioden in den Bergen am höchsten ist – und trotz der Nachteile Hitzedunst, Gewittergefahr und Hauptferienzeit. Ich leiste mir sogar den Luxus, ein oder zwei Wochen über den geplanten Rückkehrtermin hinaus Urlaub zu nehmen, um bei schlechter Großwetterlage die Tour später antreten zu können.

Eine weitere meiner Eigentümlichkeiten muss ich hier auch noch offenbaren. Wanderer, die mir entgegenkommen, empfinden meinen Anblick nicht selten als Provokation. Sie werfen mir Blicke zu, aus denen ich ein »Wie kann man nur!« leicht herauslesen kann, ja muss (denn dafür sind diese Blicke da).

Ich trage bei meinen Solotouren öfter einen MP3-Player um den Hals und einen kleinen Sportkopfhörer auf den Ohren. Damit höre ich die allertollste Musik. Ich verstehe solches Tun keineswegs als Herabwürdigung der Landschaft, die ich durchstreife, sondern als Erhöhung. Manchmal gönne ich mir den Musikgenuss sogar an den schönsten Plätzen. Nein, ich lausche nicht Mozart, Wagner oder Richard Strauss, sondern zum Beispiel *Sonic Youth, Stephen Malkmus, The Fiery Furnaces* oder *The Constantines*. Werden Sie wohl alle nicht kennen (leider). Die Musik »passt« auch keineswegs zu den Landschaften, aber darum geht es nicht. Sie verschafft mir einfach zusätzlichen Genuss. Dass harte oder schräge Rockmusik etwas Schrilles, quasi Naturwidriges an sich hat, ist eine vorurteilsbeladene Zuschreibung. Man kann diese Musik völlig neutral rezipieren – ohne dass vor dem geistigen Auge Nietengürtel und schmuddelige Lederjacken vorbeiziehen. Und so gesehen, ist vieles vereinbar. Zwar nicht das ironisch-nervöse Geschrammel von *Half Japanese* mit der Rheinschleife von Osterspai (da drückte ich ausnahmsweise den Sprungbefehl), aber überraschenderweise der monotone Grummelpunk von *The Fall* zum Abstieg durch den Hochwald nach der Tour auf den Hochgern im Chiemgau. Eines meiner tollsten Musikwandererlebnisse bestand aus der Kombination von *Nine Inch Nails* (schütterer, von Emotionsausbrüchen zerhackter Radikal-Industrial, falls Ihnen das was sagt) mit einem verschneiten, düsteren Winterwald. Bei schönem Wetter und ganz harmonischer Landschaft gönne ich mir auch mal reinen Wohlklang: etwa den psychedelisch schwebenden Gitarrenpop von *The American Analog Set* oder den Wärme spendenden, elektronisch garnierten Folk der Argentinierin Juana Molina.

Übrigens kann ich mich nicht erinnern, in den letzten Jahren irgendwem begegnet zu sein, der unterwegs Wanderlieder sang.

Dass ich den Player sicherheitshalber abstelle, wenn der Himmel dräut (Donner?), ich unter einem Steilhang vorbeigehe (Steinschlag?) oder Rad- oder Autofahrern in die Quere kommen könnte, versteht sich.

Conclusio: Es gibt keine Stilregeln fürs Wandern mehr und sollte auch künftig keine mehr geben (mal abgesehen vom freundlichen Grüßen und dem Zur-Seite-Treten zugunsten bergauf Gehender). Der moderne Individualismus ist auch in dieses Bollwerk der Tradition eingesickert, und das ist gut so.

## *Marsch, marsch nach Venedig!*

Tina kuschelt sich an den Kachelofen, nippt an ihrer Johannisbeerschorle und sagt: »Die Idee fand ich schon immer faszinierend. Unter meinen Freunden habe ich aber niemanden gefunden, der so verrückt ist.« Deshalb hat sie ihre Alpenüberquerung kurzerhand bei einem Pauschalanbieter gebucht. Mit sechs Weggefährten und einem Bergführer will sie in 28 Tagen von München nach Venedig wandern, die ersten fünf davon sind bereits absolviert. Die Gruppe sitzt gerade in der Stube des Karwendelhauses zusammen, einer Alpenvereinshütte unter Tiroler Felszacken.

Die Stimmung ist gut, obwohl es für Trübsal einigen Anlass gäbe: Der heutige Tag war noch verregneter als die vorausgegangenen, und morgen muss sogar die Route geändert werden, weil dieser Sommer so kühl begann, dass auf den Höhen noch viel Altschnee liegt. Die Birkkarspitze, über 2700 Meter hoch, soll nun durch eine Talwanderung umgangen werden – das sind gut 15 Kilometer Umweg.

2490 Euro hat jeder Teilnehmer überwiesen, nicht gerade Wechselgeld für eine Supermarktkassiererin wie Tina. Die anderen sind, mit Ausnahme des Bergführers, Akademiker und Besserverdiener: Heinz ist Verwaltungsbeamter, Anja ebenso wie Marlene Softwareentwicklerin, Arthur Radiologe im Ruhestand, Paul pensionierter Professor, ihn begleitet seine Gattin Helga. Was zu Befunden passt, nach denen sich zunehmend Gebildete und Betuchte in den Bergen tummeln.

Bevor sich die gelehrte Runde gegen 21 Uhr ins gemeinsame, gemischtgeschlechtliche Matratzenlager zurückzieht, unterhält man sich unter anderem über US-Außenpolitik, die Misere in Ostdeutschland oder die PISA-Studie.

Um für einen Wanderartikel zu recherchieren, bin ich als Journalist einige Tage mit von der Partie. Privat würde ich eine solche Tour nicht buchen – dachte ich jedenfalls bisher. Ich bin kein Freund von Gruppenreisen in zufälliger Besetzung. Im Fall eines Hütten-Wanderurlaubs kann man sich nicht mal abends und nachts richtig zurückziehen: Draußen ist's meist zu kalt; man hockt zwangsläufig im Aufenthaltsraum zusammen und schläft später Hintern an Hintern.

Das ist mein dritter Abend in der Gruppe, und meine Abneigung gegen diese Reiseform beginnt zu wanken. Nun, mit Tina oder mit Marlene hätte ich nicht viel Gesprächsstoff, und Arthur, der Medicus, renommiert ein bisschen zu häufig mit Alpinurlauben, in denen er, wie er einfließen lässt, manch junger Sprechstundenhilfe die Schönheiten der Natur und auch anderes näherbrachte.

Doch alles in allem ist's nett bei ihnen. Aber würden wir uns nach zwei, drei Wochen nicht doch auf den Geist gehen? Man kann ja auch mit Leuten außerhalb der Gruppe das Gespräch suchen. Allein drei transalpin motivierte Kleingruppen nächtigen an diesem Abend auf der Hütte, darunter Franz und Hermann. Letzterer hörte zufällig einen Radiobeitrag zum Thema Alpenüberquerungen – und dachte sofort: »Das will ich auch.« Freund Franz schloss sich nach kurzem Zögern an.

Der Weg von München nach Venedig wurde vor etwa 30 Jahren von einem findigen Herrn namens Ludwig Graßler ausgetüftelt und erfreut sich derzeit hoher Beliebtheit. In 28 Tagesetappen führt er vom Münchner Marienplatz bis zum Markusplatz in der Stadt an der Adria.

Ohne die vielen Alpenüberquerer würden die Geschäfte von Wolfgang, dem Hüttenwirt des Karwendelhauses, deutlich schlechter laufen. »Wesentlich mehr« der Venedig-Geher seien in den letzten Jahren gekommen, »zwischen 500 und 600 jährlich«.

Noch gängiger als der sogenannte »Traumpfad« München–Venedig ist indes die Strecke Oberstdorf–Verona, jedenfalls ihr nördlicher Abschnitt bis Meran. Wirte der dortigen Berghütten zählen 2000 bis 5000 Überquerer jährlich. Eine unbekannte Zahl weiterer Bergfexe schlägt sich abseits der beiden Hauptrouten über Gipfel und Pässe.

Anbieter geführter Touren berichten durchweg über steigende Nachfrage. Im Lauf der letzten Jahre musste der DAV Summit Club, sicher nicht zu seinem Leidwesen, immer mehr Venedig-Termine offerieren. Wer nicht 28 Tage am Stück wandern möchte, kann die Tour auch in einwöchigen Etappen absolvieren.

Die »Bergschule Oase Alpin« in Oberstdorf, offenbar der Marktführer für die Meran-Variante, begeht den Weg nunmehr bereits an zwei Startterminen pro Woche. Der Abschnitt Meran–Verona ist nicht so populär, vermutlich weil er abseits der spektakulären Dolomiten-Bergszenerie verläuft.

Ein bisschen Mogeln ist üblich: »Oase« und andere transportieren ihre Wanderer auf Teilstrecken mit Bussen oder der Seilbahn, um es in Wochenfrist bis ins Südtiroler Kurstädtchen schaffen zu können. Selbst die strammen Venedig-Wanderer steigen in der italienischen Tiefebene in die Eisenbahn, um nach genau vier mal sieben Tagen in der Lagunenstadt anzukommen.

Neuerdings erhalten sogar weniger Wadenstarke ihre Chance: Ein Anbieter aus Augsburg offeriert die Strecke nach Meran als Mix aus Spaziergängen, Seilbahn-, Bus- und Kutschfahrten.

Viertel nach sechs wecken, viertel vor acht Abmarsch. Hurra, endlich ist der Himmel blau, Erleichterung macht sich breit vor dem Karwendelhaus. Freilich ist bei Heinz eine Erkältung im Anzug, Arthur schmerzt die Achillessehne. Nachteil einer solchen Gruppentour: Der Zeitplan ist unverrückbar wie Granit; wer nicht weiterkann, muss aussetzen. Genesenen steht es frei, später wieder zur Gruppe zu stoßen.

Gegen Mittag rasten die Venedig-Geher vor dem langen Aufstieg zum nächsten Quartier. Erst verabschiedet sich die Sonne, dann ich mich, reihum noch viel Spaß wünschend.

Kaum sind die tapferen acht hinter einer Wegbiegung verschwunden, beginnt es zu tröpfeln.

## *Versuch, Heino lustig zu finden (Expedition zum »Deutschen Wandertag«)*

»Am Strand der Copacabana, da machen wir durch bis mañana«, singt der Mann auf der Bühne und schickt sogar noch einen Vers hinterher: »– und das mit allen Schikana!«

Was soll das? Was will ich hier? Bin ich noch ganz bei Trost?

»Die Caballeros tragen Sombreros – in Tampico«, behauptet er ein paar Minuten später, und damit nicht genug: »Die Señoritas, die tragen nie was – in Tampico.«

Ich bin fassungslos. Darf es so etwas geben? Meine Frau hatte mich gewarnt: »Du spinnst!«

Es geht gradso weiter: »Caramba, caracho, ein Whiskey, caramba, caracho, ein Gin!« – »Wo ist der Sinn?«, würde ich dem singenden Poeten gerne zurufen, doch der verflucht erst eine Frau namens Dolores und reimt dann anders zu Ende: »… und alles ist wieder hin!«

Meine Lektorin hatte geglaubt, ich wolle sie auf den Arm nehmen, als ich ankündigte, in meinem Buch auch einen Auftritt von Heino schildern zu wollen. 600 Kilometer weit bin ich dafür gefahren. Um mich herum sitzen und stehen etwa tausend frohgestimmte Leute und lauschen, während sich mein Herz mit Finsternis füllt.

*»Ja, ja, die Schönste auf der Welt*
*ist meine Baaaarbara.*

*Was mir an ihr gefällt,*
*das ist ihr schwaaaarzes Haar.«*

Wenn heute Abend Weltuntergang wäre, hätte ich nicht viel dagegen. Denn dann würde auch das Hässliche und Geschmacklose vom Erdboden getilgt.

*»In einem Pooolenstädtchen,*
*da wooohnte einst ein Mädchen,*
*sie war so schön, sie war so schön,*
*sie war das allerschönste Kind,*
*das man in Pooolen find't …«*

30 Meter vor mir steht Heinz-Georg Kramm, Künstlername: Heino. Genau wie man ihn kennt – und liebt oder hasst: hüftsteif, mit blonder Betonfrisur und berüchtigter Blindenbrille, in schwarzem Rollkragenpulli und grässlichem signalrotem Dinnerjacket.

*»Lustig ist's im grünen Wald,*
*wo des Zigeuners Aufenthalt.«*

Heute Abend gastiert der Knödelbariton in Prüm in der Eifel vor Teilnehmern des hier durchgeführten »Deutschen Wandertags« – in der (offensichtlich begründeten) Hoffnung auf positive Resonanz.

Nach pseudo-lateinamerikanischen Dumpfbeutelsongs sowie Seemannsschnulzen ist er endlich bei den Wander- und Volksliedern angelangt. Doch was die einst an naivem Charme besessen haben mögen, treibt er ihnen mit seinem scheußlichen Hauruckstil aus.

*»Schwarrrzbraun ist die Haselnusss,*
*schwarrrzbraun bin auch ich,*
*schwarrrzbraun musss mein Mädel sein,*
*grrrade so wie ich!«*

»Ich habe schon viele Preise bekommen für meine Volks- und Fahrtenlieder«, gurrt der Sänger in einer Zwischenansage – keine Chance, das beeindruckt mich nicht. Keck behauptet er sogar: »Diese Lieder wird man noch singen, wenn Rock und Beat, und wie das alles heißt, schon lange vergessen sind.«

Ach, Heino! Eigentlich war ich milde gestimmt gewesen, wollte mich mit dir, Reizfigur meiner Jugendtage, irgendwie versöhnen, nachdem ich nun für ein so traditionelles Hobby wie das Wandern entflammt bin. Vielleicht kann ich dich ja wenigstens lustig finden … Ich kann es nicht. Am Ende tröstet mich nur, dass bei Weitem nicht alle Teilnehmer des Wandertags zum Konzert gekommen sind.

In einem Buch über ein Steckenpferd muss dessen ganzes Spektrum vorkommen, hatte ich mir gedacht, also auch die Vereinsmeier. Sie treffen sich einmal im Jahr mehrere Tage lang, um gemeinsam zu wandern, gemütlich zusammenzuhocken, aber auch – wie zu befürchten war –, um furchtbar ernste Sitzungen abzuhalten.

Gut 200 Delegierte (Durchschnittsalter etwa 65) sitzen in der Mitgliederversammlung des »Deutschen Wanderverbands«. Wieder einmal zeigt sich, dass Fortbewegung zu Fuß und schlanke Körperform nicht zwangsläufig etwas miteinander zu tun haben. Man lauscht Reden mit reichlich Eigenlob, nimmt Anträge einstimmig an, entlastet den Vorstand und applaudiert lautstark, wenn zahllose Medaillen und Ehrennadeln verliehen werden. Und erhebt sich simultan, wenn der Vorsitzende mit getragener Stimme und zu Beethoven'schen Streicherklängen die Namen jener Funktionäre verliest, die im letzten Jahr, wie er wörtlich formuliert, »ihre letzte Wanderung angetreten haben«; die Aufzählung dauert gut fünf Minuten.

Rund 600 000 Mitglieder, entnehme ich dem Pressematerial, zählt diese Dachorganisation von 47 selbstständigen Regionalvereinen; während der Schwäbische Albverein stolze 113 386 Mitglieder umfasst, muss der Frankfurter Stadtwaldverein mit gerade mal 84 auskommen.

Doch wes Geistes Kind sind diese Damen und Herren? Ich lausche Gesprächen, um der Beantwortung der Frage näherzukommen. Oft reden sie über religiöse Themen – ich höre etwa einem Disput zu über Kardinal Lehmanns Einstellung gegenüber den Protestanten. Gottesdienstbesuche stehen wie selbstverständlich auf dem Tagungsprogramm. Später versuche ich, wenig ergiebig, mit Einzelnen ins Gespräch zu kommen. Sie kapieren einfach nicht, dass ich ihre Gesellungsform erklärungsbedürftig finde, sie halten, was sie tun, für völlig normal – und Leute wie mich wahrscheinlich für soziale Außenseiter.

Immerhin stoße ich auf einen Informanten, der mir Einblicke gewährt. Meine Erkundigung nach möglichen Nachwuchsproblemen beantwortet er mit einem salomonischen »teilweise«; ein baldiges Aussterben des Vereinswanderns sei jedenfalls nicht zu befürchten, zumal die meisten Mitglieder erst Mitte 50 oder später beiträten. Vereinszweck: Man markiert und unterhält Wanderwege und betreibt Wanderheime, beschäftigt sich aber auch mit Brauchtumspflege, veranstaltet Trachtenabende, pflegt die Mundart, betreibt Korbflechten.

Das Psychogramm des durchschnittlichen Vereinswanderers? »Heimatverbunden, gesellig, konservativ, wenn auch nicht unbedingt im parteipolitischen Sinn. Nicht akademisch gebildet, ausgenommen die Funktionäre, die oft aus dem Bildungsbürgertum kommen.«

Sonntagvormittag, die Halle ist gerammelt voll. Feierstunde! Stimmung super, denn die Wanderer sind so wichtig, dass sich zwei hochkarätige Politiker angesagt haben. Flankiert von zwei stämmigen Herren drängt die Bundesgesundheitsministerin durch den Mittelgang nach vorne, gefolgt vom rheinland-pfälzischen Ministerpräsidenten, der momentan auch Deutschlands oberster Sozialdemokrat ist. Von Physis und Naturell her könnte er auch Wanderverbandsmitglied sein, ist dafür freilich noch etwas jung. Leutselig grüßen beide beim Vorbeigehen Bekannte im Publikum, die Gesundheitsministerin neckisch durch das Krümmen des kleinen Fingers ihrer rechten Hand – ein Wanderer-Geheimgruß? Nachdem ein gemischter Chor »Eifelland, wie bist du schön« gesungen hat, verkündet der Verbandspräsident, Wandern sei »in«, korrigiert den bösen Anglizismus aber sofort zu »Wandern ist im Aufschwung!«

Die Ministerin freut sich in ihrem leichten rheinischen Singsang, »lauter fröhliche Gesichter zu sehen«, deren Träger »Eigenverantwortung für ihre Gesundheit übernehmen«. Von irgendwoher hat sie plötzlich ein riesiges, auf eine Platte aufgezogenes Plakat in den Händen: »Wandern ist eine Herzensangelegenheit« – genial doppelsinnig! Um es dem Wanderpräsidenten zu überreichen, nähert sie sich dem Bühnenrand, bekommt plötzlich das Übergewicht – halb stürzt sie, halb springt sie von der Bühne, bleibt aber, wie es sich für eine Gesundheitsministerin gehört, offensichtlich unverletzt.

Der Landesvater verzichtet dankenswerterweise auf akrobatische Einlagen. Er bekennt, selbst begeistert zu wandern und seinen bevorstehenden Urlaub dergestalt auf heimischem Terrain verbringen zu wollen. Es gelingt ihm, einen erheblichen Teil der rheinland-pfälzischen Wanderwege aufzuzählen, zuerst die entlang der Flüsse, dann die Höhenwege. Als er merkt, dass die Aufmerksamkeit der Zuhörer etwas nachlässt, droht er: »Ich könnte noch viele andere wunderbare Wanderwege nennen«, lässt dies zum Glück aber bleiben. Mundartvorträge und nicht ganz fehlerfreie Darbietungen von Geigerinnen der örtlichen Kreismusikschule runden die Veranstaltung harmonisch ab.

Am Nachmittag steht dann der Festumzug auf dem Programm. Über zwei Stunden lang wälzen sich wimpelbewehrte Wandererkolonnen durch das Städtchen, zur Abwechslung unterbrochen von Blaskapellen aus der Region. Aber auch Notarztsirenen sind mehrfach zu hören. Immer wieder grüßen sich Zuschauer und Teilnehmer mit dem traditionellen Wandergruß »Frischauf!«, der angesichts der durchweg grauhaarigen und mitunter gar greisen Beteiligten deutlichen Wunschcharakter besitzt.

Das Ganze wird vom dritten Südwest-Fernsehprogramm übertragen. Ich hoffe, dass nicht viele Zuschauer einschalten: Ich fürchte, sie könnten einen falschen Eindruck gewinnen. Hin und wieder sieht man ja Leute unter 50 in den Wäldern. Und Wandern ist so schön, dass man es nicht den Vereinsmeiern, Kirchgängern und Heino-Fans überlassen sollte.

## *Kein stabiles Hoch in Sicht – solo durch die Dolomiten*

*15. Juli, St. Georg bei Brixen*

Der Hofhund zerrt an seiner Kette und kläfft mir wütend entgegen. Ich bleibe stehen, schaue zurück. Vor 20 Metern bog der richtige Pfad nach links in den Wald ab. Danke, Bello.

Die wunderbaren Bergblumen, die herrlichen Schmetterlinge. Wären sie noch schöner, wenn man ihre Namen wüsste? Ich meine nein.

Mein Hotel hat drei Sterne. Es sind alpine Sterne. Die Möbel sind bieder, billig, rustikal, das Publikum ist kleinbürgerlich, das Wiener Schnitzel vom Schwein. Als Alternative gibt es »Naturschnitzel« ohne alles oder »Pizzaiola-Schnitzel« mit italienisch anmutender Soße, beides auch vom Schwein.

Als Gäste drei deutsche Paare, die sich angefreundet haben und über die Tische hinweg palavern. Einer der Herren isst nicht nur Schwein, sondern ist auch eines. Als notorischer Witzbold tischt er im Lauf des Abends immer mehr Scherze von Flachland-Niveau auf.

Die Wirtin schimpft über die Kinder der italienischen

Gäste, die jeden Abend nur Spaghetti mit Tomatensoße essen wollen. Vielleicht ist das ja die beste Wahl, denke ich nach dem Genuss meines zähen Pizzaiola-Schnitzels.

*16. Juli, Schlüter-Hütte, Nationalpark Puez-Geisler*

Vorteil der kurzen Berghosen ist auch, dass man die sehnigen Beine der Wanderer und Wanderinnen sehen kann – inklusive der Kniestützbandagen, die viele von ihnen tragen. Die haben also schon einen Preis für ihre Passion entrichtet.

Am Tisch mit einer Ortsgruppe des Deutschen Alpenvereins. Fünf Alte, zwei Junge. Eine der Alten war schon auf dem Kilimandscharo – wie viele, die man in den Berghütten trifft.

In den Gruppen gibt es immer ein, zwei, die kaum etwas sagen, vor sich hin stieren, völlig passiv sind. Schön, dass diese Schüchternen, Gehemmten, vielleicht auch nicht so Begabten wenigstens übers Wandern Anschluss finden.

Eines der entsetzlichsten Erlebnisse all meiner Bergtouren gehabt. Stand unter der Münzdusche der Schlüter-Hütte, die nur fünf Minuten warmes Wasser spendet. Erst ist das Wasser furchtbar heiß, dann gelingt es mir, eine angenehme Temperatur hinzuregeln. Aber nur für einige Sekunden. Dann wird das Wasser plötzlich kalt. Nicht kalt, sondern eiskalt. Nicht eiskalt, sondern antarktisgletschereiskalt. Ich hatte mich schon eingeseift. Vor die Alternative gestellt, mir die Seife mit dem Handtuch abzuschmieren, begebe ich mich unter den Strahl und brülle vor Schmerz.

20 Sekunden später kommt das warme Wasser wieder.

*18. Juli, Pordoi-Pass*

Piz Boé, über 3100 Meter. Höchster Punkt meiner Tour. Klares Wetter, Aussicht bis zum Ortler und Großglockner. Unzählige andere Wanderer, die in einer endlosen Karawane hier heraufgezogen sind. Ich bin einer der sicherlich wenigen, die ganz aus eigener Kraft hier sind; die allermeisten fuhren mit der Seilbahn auf die Hochebene und stiegen dann in etwa einer Stunde auf.

An zwei Stellen, wo man sich an einem Stahlseil festhalten muss, um Steilpassagen zu überwinden, gibt es sogar Staus. Mindestens zehn Minuten muss man anstehen. Ich nehme meinen Mut zusammen und steige ein paar Meter daneben ohne Seilhilfe ab.

Irgendwo hier ist vor ein paar Monaten ein bayerischer Fotograf tödlich verunglückt, der den »Traumpfad« München–Venedig als erster Wanderer im Winter zurücklegen wollte. Eine Lawine. Ich lege ein paar Gedenksekunden ein.

Knapp 4000 Meter aufgestiegen in dreieinhalb Tagen. Fühlte mich dabei oft schlapp, ärgerte mich, wenn mich jemand überholte. Dabei waren nur wenige schneller, fünf oder sechs deutlich Jüngere oder weniger Bepackte. Immer dieses Konkurrenzdenken – oder besser Konkurrenzfühlen!

Die Dolomitenberge gefallen so gut wie jedem: steil, schroff, hoch. Für mich ist das ein Problem. Ich will, dass mir die Dolomiten mehr, intensiver, anders gefallen als den übrigen. Denjenigen, die mit dem Auto kommen, mit der Seilbahn fahren, Ansichtspostkarten oder CDs von den Kastelruther

Spatzen kaufen. Meine Dolomitenbergliebe ist mit Schweiß getränkt, mit schmerzenden großen Zehen erkauft. Ja, ich habe mehr Recht auf dieses Gefühl!

Auch von weit oben hört man den Verkehrslärm noch, vor allem die Motorräder. Und das Warnpiepsen, wenn die Ausflüglerbusse den Rückwärtsgang einlegen.

*19. Juli, Arabba*

Steiler Abstieg im Geröll, dann über Wiesen. Ein Knall. Der rechte Teleskopstock ist gebrochen, weil ich auf feuchtem Untergrund ein wenig abgerutscht bin und mein Gewicht voll auf diesen Stock verlagert habe. Ungläubig sehe ich das zersplitterte Etwas an. Bin fast gestürzt, und das in einem Steilhang! Superleichte Karbonstöcke, superteuer, vor ein paar Wochen gekauft. Wahrscheinlich werde ich auch noch Schwierigkeiten mit dem Reklamieren haben, denn ich kann ja die traurigen Reste mit ihren scharfen Kanten nicht noch anderthalb Wochen rumschleppen. Ich fotografiere sie als Beweis und werfe sie später in einen Mülleimer.

Den Rest des Tages bin ich wegen des Stockbruchs persönlich beleidigt und missgestimmt. Abstieg nach Arabba. Scheußliches Kaff, hässliches Ortsbild, drumherum ein Inferno aus Bergbahnen und kahlgeschlagenen Abfahrtshängen. Pseudoalpine moderne Häuser dominieren, von den schöneren alten ist die Mehrzahl am Verfallen. Dann auch noch unangenehme News: Bei meinen telefonischen Anfragen stellt sich heraus, dass alle drei Übernachtungsmöglichkeiten in der Nähe des Falzarego-Passes ausgebucht sind, sodass ich für morgen kürzertreten und die Etappe schon auf dem halben Weg enden lassen muss.

Kaufe einen dicken, schweren, etwas zu kurzen Ersatzstock, der aber nur zehn Euro kostet.

Ich übe mich in versteckten Komplimenten. Wenn man zu italienischen Kellnerinnen »Grazie!« sagt, stimmt das meistens auch auf Deutsch.

*20. Juli, Almgebiet Prelunge*

Das Sella-Massiv ist rundum von Liftanlagen umstellt, das Ganze nennt sich im Winter »Sella Ronda« und gilt als eines der tollsten Skigebiete Europas. Im Sommer ist der Anblick deprimierend. Aber was ich auf der Ostseite des Bergstocks sehe, empört mich ganz besonders: Man hat eine Piste mitten durch die Felszone gebaggert oder gesprengt. Nun zieht sich eine weißliche Schotterschneise den Berg hinunter: unglaublich scheußlich. Und irreparabel. Eine Piste durch den Wald kann man wieder zuwachsen lassen, die Felsen rekonstruieren kann man nicht.

Ich habe ja nichts gegen maßvollen Skitourismus – von irgendwas müssen die Leute in den Bergen ja leben, die Wanderer bringen nicht genug ein. Aber so etwas ist überzogen und brutal. Wer diesen Frevel geplant und genehmigt hat, sei verflucht.

Dass man sich hier nicht groß um Sommertourismus schert, zeigt sich auch daran, dass gerade auf der Almhöhe Prelunge eine Liftstation gebaut oder erneuert wird. Ein Kran steht in der Landschaft, Bauarbeiter hämmern.

»Es gibt kein richtiges Leben im falschen«, befand mal ein Philosoph. Ich kann dem insoweit folgen, als dass es kein richtiges Wandern in einer so falschen Landschaft geben kann.

*21. Juli, Pocol bei Cortina d'Ampezzo*

Auf einmal Schützengräben und Kavernen, die in den Fels gebohrt wurden. Ein Kampfgebiet des Ersten Weltkriegs. Dort drüben liegt der Col di Lana, an dem es besonders schlimm zuging. Vor 40 Jahren war ich mal dort oben, mit meinem Vater. Wollte jetzt eigentlich wieder hinauf, doch wegen der veränderten Übernachtungsplanung habe ich keine Zeit mehr dafür.

Überall Tagesausflügler, Leute mit Hunden, Straßen, Lifte. Da komme ich mir mit meinem großen Rucksack und meinen schweren Schuhen deplatziert vor. Dass der Dolomitenrummel so flächendeckend sein würde, habe ich nicht erwartet.

Vielleicht hätte ich erst im September gehen sollen.

Nie mehr Dolomiten! (?)

Ärgere mich über meine Gewitterangst. Wegen eines einzigen Donners brach ich die Tour zum reservierten Rifugio Croda al Lago ab und stieg auf der Straße in Richtung Cortina hinunter. Dabei klarte es wieder auf, und gedonnert hat's an diesem Tag nie wieder.

Es ist reizvoll, einfach irgendwo zu stranden. Mit dem Auto unterwegs, wäre ich nie in diesem sonderbaren Hotel abgestiegen. Ein Riesenbau aus den 50er-Jahren von verblasster

Eleganz; ein paar alte Italiener verlieren sich in dem riesigen Speiseraum. Kleines Zimmer, veraltetes Bad. Im Fernsehen die neuesten Bombenanschläge aus London.

*22. Juli, Santa Fosca*

»Weiter kein stabiles Hoch in Sicht« – diesen Satz aus der täglichen Alpenwettervorhersage des DAV liest mir meine Frau am Telefon vor. Und zwar jeden Abend; er ändert sich nicht.

*26. Juli, Rifugio Tissi*

Sitze im Angesicht der Civetta-Westwand. Wolken ziehen schnell darüber hinweg oder sie stürzen spektakulär über den Grat in die Wand, um sich dort aufzulösen. Ich genieße endlich wieder meine Wanderung und das Leben im Allgemeinen.

Falls es anfangen sollte zu gewittern (es ziehen sich dunkle Wolken zusammen), bin ich in einer Minute unten in der Hütte.

Aber wenn mich der allererste Blitz trifft?

Einzelgänger: Es gibt solche und solche. Die ersten solchen, zu denen ich in diesen Wochen gehöre, wandern zwar allein, suchen aber Kommunikation oder gehen ihr zumindest nicht aus dem Weg. Es gibt aber auch andere, die auf den Hütten starr vor sich hin schauen und jeden Kontakt meiden. Hier: ein junger Kerl zwischen 18 und 20; ich hörte ihn nie irgendetwas sprechen. Die Berge sind auch das Refugium der Sonderlinge und Kontaktscheuen. Hier kann man das Alleinsein leichter mit Aktivität füllen als am Strand.

Ich sitze zusammen mit einem Solo-Alpinisten aus Bayern. Selbiger hat sich vorgenommen, so gut wie alle Klettersteige in der Civetta zu begehen. Wir lassen uns den respektablen Hauswein schmecken und erzählen uns von unseren Touren. Kein unvergesslicher Abend, aber nett.

Heute begegneten mir zwei deutsche Männerduos, Weitwanderer auf dem Höhenweg. Alle vier waren zwischen Mitte 50 und 60, und alle vier hatten eine beachtliche Wampe.

Ich bin erst 50, und meine Wampe ist weniger voluminös. Sie wird hier sogar jeden Tag ein bisschen kleiner. Hoffe ich wenigstens.

*28. Juli, Rifugio Pian de Fontana, Nationalpark Schiara*

Der Weg um die Civetta und heute durch die Tamer-Gruppe: Endlich weg von den Skipisten, den Menschenmassen, dem Schallraum der Straßen. Absolute Stille (von ein paar Jets abgesehen, abgehört), ein schmaler Weg, nicht breiter als zwei Füße nebeneinander, wenige Wanderer.

Eine Murmeltierfamilie mit zwei Jungen. Ich stehe im Schatten, und sie haben mich nicht bemerkt, obwohl ich kaum 15 Meter entfernt bin. Ein Kleines wird von der Mutter gesäugt und im Maul herumgetragen. So etwas habe ich in freier Wildbahn noch nie gesehen. Steiler Abstieg durch ein Blumenmeer zur Hütte Pian de Fontana. Hohes Gras, reicht bis zu den Schenkeln. Am Abend Zikadenkonzert, erstmals auf der Tour.

Am Passo Duran liefen um acht Uhr morgens fast gleichzeitig etwa 30 Leute mit demselben Ziel los. Wer ist, acht Stunden später, als Erster am Rifugio Pian de Fontana? Ich, ich, ich!

Primitive Unterkunft in einer Art Scheune. Zwischen den Brettern schaut der Himmel durch. Tagsüber brummen Fliegen und Wespen durch den Raum, finden aber gegen Abend wieder hinaus.

Bukolische Zustände auf dieser Hütte: Frauen baden im Brunnentrog, die Leute sind allgemein gelöst und beschwingt. Alle fröhlich wegen des endlich warmen (wenn auch schon wieder zu warmen) Wetters und darüber, die harte Etappe überstanden zu haben.

Auch Idyllen können trügen. In unserem Schlafstall herrscht eine vergiftete Atmosphäre zwischen drei Männern aus Heilbronn und zwei Frauen aus Cuxhaven. Die fünf haben schon im Rifugio zuvor die Nacht im selben Raum verbracht. Die Schwaben behaupten mir gegenüber, eine der Norddeutschen habe dabei übelst geschnarcht und ihnen die Ruhe geraubt. Nach dem Abgang der Heilbronner zogen die Damen über die »blöden Kerle« her. Die hätten ständig gefurzt.

*30. Juli, Vittorio Veneto*

Pause vor dem Gipfel des Col Visentin, des letzten Berges auf meiner Tour. Die Ebene nördlich von Venedig liegt zu meinen Füßen, 1600 Meter tiefer. Ein kühler Wind kommt von ihr herauf und erzeugt im hohen Gras ein schönes, zärtlich streichelndes Geräusch, das ich sehr genieße.

Ich knicke die Ritter-Sport-Schokolade so wie auf der Packung angegeben (»Break here«), doch es entsteht nur eine schlabbrige Biegung der Tafel, und die Hülle bleibt geschlossen. Verdammte Hitze!

Der Abstieg vom Col Visentin führt durch hohe Wiesen mit unzähligen Blüten und Schmetterlingen. Der auf der Karte eingezeichnete Weg ist nicht mehr zu erkennen, ich gerate in zugewachsenes, steiles Gelände und schlage mich durch den Wald. Endlich komme ich auf einem Fahrweg an, Schweißbäche schießen mir in die Augen. Ich gebe es auf, nach Wanderwegen zu suchen, und steige auf der Straße ab, wofür ich drei Stunden brauche, da ich alle Kehren auslaufen muss.

Dann Ankunft in Vittorio Veneto. Knipse das Ortsschild. Genugtuung, ein Projekt aus meinem Kopf in die Realität umgesetzt zu haben. Oberammergau – Vittorio Veneto zu Fuß (je zwei Wochen in zwei aufeinander folgenden Jahren), es ist vollbracht!

Am Abend entdecke ich nach dem Duschen an meinem Bauch ein Knötchen, das wie eine Zecke aussieht. Gut möglich, dass mich bei meiner heutigen Querfeldein-Passage so ein Vieh erwischt hat. Ich zupfe daran herum, worauf Blut aus der Stelle schießt. Ich desinfiziere die Wunde und klebe ein Pflaster darüber.

## *Jetzt kenn auch ich meinen Pappenheimer: Notizen über die Provinz*

Wandergegenden sind meist ländliche Gebiete. Ich mag das Zurückgebliebene, Mittelmäßige dort. Die Menschen sind nicht so eingebildet und großspurig wie in den Metropolen, in den Pensionen oder bescheidenen Hotels findet man immer noch (wenn auch leider immer seltener) geblümte Tapeten, röhrende Hirsche, ausgestopfte Dachse, Kruzifixe. Die Gasthäuser haben Toast Hawaii, Zigeunerschnitzel und Strammen Max auf der Karte, was ich zwar selten bestelle, dennoch allerliebst finde.

Hier kann ich mich vom Trend-Kokolores meines Wohnorts München erholen, wieder eintauchen in die betuliche Lebenswelt meiner Kindheitsjahre, fühle mich erinnert an meine schrulligen Omas, Tanten, Großtanten und ihre Wohnungen mit den vergilbten Tapeten.

In den Wochen, in denen ich dieses Kapitel schreibe, entdecken gerade die Feuilletons den Reiz der Provinz – als Streitthema. Wird in Hintertupfing und Kleinkleckersdorf Widerstand geleistet gegen das globale Prada-Gucci-Unwesen, liegen dort Refugien wahrer Humanität in einem Meer globaler Kaltherzigkeit? Oder sind das bloß die Projektionen städtischer Intellektueller?

Egal: Es ist immer wieder schön, auf Touren (zum Beispiel

auf dem Altmühltal-Panoramaweg) in Orte wie Pappenheim zu kommen, ein fränkisches Residenzstädtchen. Seine Soldaten wurden mal von Schillers Wallenstein gelobt (»Daran erkenn' ich meine Pappenheimer«), aber das ist schon lange her.

Die Altstadt besteht aus einem alten und einem neuen Schloss von jeweils überschaubaren Dimensionen sowie zwei Einbahnstraßen, gesäumt von schlichten, manchmal bröckelnden Gebäuden.

Im Festzelt auf dem Rathausplatz feiert das kleinstädtische Proletariat in den 1. Mai hinein, bei Flaschenbier und Bratwürsten. Aus den Lautsprechern tönen betagte Superhits des Trivialpop: ›Life is Life‹, ›Final Countdown‹, ›Gib Gas, ich will Spaß‹.

In der Auslage des Elektrogeschäfts stehen billige Kassetten- und Kompaktgeräte, aber keine iPods, USB-Sticks und dergleichen. Über dem Phono-Charme einer vergangenen Ära baumeln an Schnüren CDs von der Decke, ich erkenne Gitte und André Rieu.

Daneben ein Haushaltswarengeschäft: Scheuerbürsten verschiedener Größen liegen in Reih und Glied, umrahmt von Selbstklebe-Wandhaken sowie einer großen und einer kleinen Tube Pattex.

Eine tiefergelegte Rostbeule rollt bass-wummernd vorbei, ein Junge turnt einsam auf einem BMX-Rad herum.

Ein paar Häuser weiter, beim »Zigaretten- und Getränkeservice«, kriege ich vor Staunen den Mund nicht mehr zu: Aschenbecher in Hülle und Fülle! Und zwar eine Sorte, die einst schon mein Vater verwendete: Die Reste des Rauchgenusses werden durch Druck von oben auf eine Mittelsäule in den Bauch des Geräts gekreiselt. Es gibt rote, grüne, silberne, violette, mit Leoparden- und mit Zebramuster. Daneben Zigarettenetuis, Pfeifen, Putzgeräte und was sonst noch nützlich sein könnte für Anhänger dieser aussterbenden Leidenschaft.

Leben die Ladeneigentümer hier von Hartz IV? Werden sie von der EU subventioniert? Von der UNESCO? Oder verkaufen sie ab und zu wirklich was?

Lange hatte die Provinz in den Medien einen schweren Stand, kam selten vor, obwohl in ihr immer noch der überwiegende Teil der Deutschen wohnt. Die Helden der Fernsehfilme und -serien agieren in den Metropolen oder ihren Vororten, und kommt doch einmal eine richtige Kleinstadt vor, lassen die Drehbuchschreiber ihren Klischeevorstellungen freien Lauf, wonach Idyllen stets nur scheinbare sind und sich hinter ihnen etwas Böses verbergen muss. Da wird dann dem braven Bad Tölz, wo das reale Laster hauptsächlich aus Geschwindigkeitsübertretungen und Steuerhinterziehung besteht, eine Mordrate wie in der Bronx angedichtet, und der diensthabende Detektiv entspricht, jedenfalls äußerlich, dem Stereotyp des Dorfdepps.

In den 1960ern und -70ern war es in Mode gekommen, hinter Fachwerkfassaden Niedertracht, Verlogenheit und Gewalt lauern zu sehen: die Provinz als Hort reaktionärer Gesinnung, vor der Andersdenkende in die Städte fliehen müssen. Daran mag etwas Wahres gewesen sein, doch schon damals hat zum Beispiel der Schriftsteller Eckhard Henscheid in seinen komischen Romanen wirklichkeitsnähere Schilderungen geliefert. Seine Städtchen sind bevölkert von Trinkern, Spinnern, Versagern, Wichtigtuern – Orte, in denen nichts passiert, denen aber ein trüber Charme innewohnt.

Am nächsten Morgen, Annie faulenzt noch im Hotel, mache ich einen Spaziergang. Ein älterer Mann, dem ich auf der Straße begegne, wendet sich zu mir und sagt: »Grüß Godd, ich bin der Hanspeder.« Er reicht mir die Hand, die ich überrumpelt ergreife, und fragt: »Wie heißd'n du?«

Ich bin leicht pikiert ob seiner dreisten Familiarität, beschließe dann aber, sie als spontane kleinstädtische Herzlichkeit zu verstehen, und antworte. Im schnöseligen München erlebt man so was nicht!

»Ich hab 'n Herzinfarkt g'habd und leb jetz im Aldersheim«, sagt mein neuer Bekannter, und: »Wo kommsd' denn her?« Bereitwillig erteile ich Auskunft, auch auf die Frage, warum ich hier bin. »Zum Wandern, mit meiner Frau.«

Es geht noch etwas hin und her (»Was fährsd'n für 'n Audo?«) und dann sagt er plötzlich: »Kannsd mir mal mit zwei Euro aushelfn?« Erschüttert, auf die wahrscheinlich schon dutzendfach bewährte Masche eines Schnorrers hereingefallen zu sein, zücke ich mein Portemonnaie. Als Audi-lenkender Münchner (aber nur A3!) muss ich dem armen Mann ja was geben. Freilich demonstriere ich meine Missbilligung, indem ich nur einen Euro überreiche. Doch wahrscheinlich hat er das vorausgesehen und deshalb gleich das Doppelte verlangt.

Jetzt kenn ich – sehr frei nach Schiller – also auch meinen Pappenheimer. Nun ja, die Anonymität der Großstadt hat nicht nur schlechte Seiten.

## *»Wunderbar wandern durchs Reich der Mitte« – Exotik pauschal*

»Jeder zehn Yuan«, hat Herr Lu gesagt. 70 Yuan kommen zusammen, dabei sind wir elf Reisende. Annie und ich haben zusammen nur zehn gegeben, die anderen drei Paare wohl auch. Umgerechnet sind das immerhin etwa sieben Euro, recht viel im ländlichen China, finden die meisten.

Herr Lu überreicht das Bündel Scheine der Anführerin; die schaut kritisch und scheint zu maulen, dann geht die Vorstellung doch los. Die sechs Frauen der Yao-Minderheit stellen sich nebeneinander auf; alle tragen eine Art Tracht: schwarzes Kopftuch, pinkrote Jacke, schwarzer Rock, dazu weiße Turnschuhe. Sie streifen die Kopfbedeckung ab, nehmen die dicken Zöpfe und lösen sie. Ihr extrem langes pechschwarzes Haar erreicht beinahe den Boden – das ist die kostenpflichtige Attraktion. Sorgfältig wird es nun gekämmt. Die Kameras unserer Wandergruppe arbeiten auf Hochbetrieb: Wir haben bezahlt, also knipsen wir. Die hübscheste der Damen lächelt – klack. Ihre Ohrläppchen werden von schweren Silberringen in die Länge gezogen – klack.

Vorgestern, in einem Dorf bei Yangshuo, hatten wir Ärger bekommen: Die vor steilen Karstbergen malerisch Reis dreschenden Bauern wandten sich ab, fuchtelten schließlich gegen die klickenden Kameras. Später musste Stefan einer alten Frau, die er vor dem Eingang ihres Häuschens abgeschossen hatte, fünf Yuan geben. Sie hatte sich lautstark bei unseren Reiseleitern, Herrn Feng und Herrn Lu, beschwert.

Ich bin normalerweise sehr zurückhaltend, wenn ich in fremden Ländern Einheimische fotografiere. In der Regel erledige ich das aus der Distanz, diskret per Teleobjektiv. Doch Annie und ich reisen diesmal in einer Gruppe, und weil ich es nicht ertragen kann, dass die rigorosen Mit-Knipser eventuell mit schöneren Bildern nach Hause fahren, sinken auch meine Schamgrenzen.

Für uns beide ist es die erste Pauschalreise in unserem nicht mehr ganz jungen Leben. Eigentlich sind wir durch und durch Individualtouristen – mit größeren Gruppen waren wir letztmals in unserer Schul- und Studienzeit unterwegs. Allerdings hatten wir schon lange nach China reisen wollen, uns aber die Mühen der Organisation in diesem besonders fremdartigen Land nicht zugetraut. Als ich dann das Angebot »Wunderschön wandern durchs Reich der Mitte« im Internet entdeckte, überredete ich Annie zur Buchung. Enger Zeitplan, keine Ruhetage? Na und – ausruhen können wir uns wieder zu Hause! Eine zufällig zusammengewürfelte Gruppe, vermutlich bestückt mit einigen Unsympathen? Ach was, so schlimm wird's schon nicht werden!

Stimmt. Aber leichte bis mittlere Nervensägen sind dann doch mit von der Partie. Stefan hat immer einen vermeintlich coolen Spruch drauf, doch seine Scherze sind flach wie eine Reisstrohmatte. Wird Flussfisch serviert, ruft er: »Mmmh, durch das viele Kadmium schmeckt der erst richtig intensiv!« Karla steht unter einem kuriosen Benennungszwang. Sieht sie einen Sack Reis, sagt sie: »Schaut mal, ein Sack Reis!« Kommt ein Bauer auf einem Fahrrad vorbei, folgert sie messerscharf: »Ein Bauer auf einem Fahrrad!«

Helmut ist weit gereist und lässt das die anderen stets wissen. Kommen wir durch ein Städtchen, sagt er: »Das sieht ja aus wie Xilu-Xilu in Belutschistan« (und so fort). Franzi bringt jedermann ihre nervösen Entscheidungsprozesse zu Gehör: »Zieh ich jetzt die Regenjacke an? Oder nehm ich den Regenschirm mit? Oh Gott, oh Gott, was soll ich bloß machen?« Und die alleinerziehende Tamara redet zigmal täglich über ihre zu Hause gebliebene Tochter: »Dieser Schal würde Liane auch stehen«, »das würde Liane sicher auch schmecken«, »Chinesisch lernen, das wäre was für Liane – sie ist ja so begabt!«

Die größte Macke besitzt freilich die wiederholt geschiedene Doris. Sie wähnt sich grundsätzlich vom Leben benachteiligt und in einen Kokon von Unglück gewickelt: »Jetzt sitz ich schon wieder auf der falschen Seite! Ihr habt alle Aussicht und ich nicht!« – »Im Hotel krieg ich sicher wieder das Zimmer hinten raus!« – »Dein Bier war kalt? Meines war warm, ganz warm!« – »Was hast du für die Postkarten bezahlt? Fünf Yuan? Ich zehn. Gemein!«

Manchmal ist das Gruppengeplauder auch ganz nett, doch weil Annie und ich uns an den freien Abenden zurückziehen, haben wir bald die Bezeichnung »die Münchner« weg (unausgesprochen: die hochnäsigen …). Dann sitzen wir beide beim Bierchen und unterhalten uns darüber, ob es ein Fehler war, diese Reise zu buchen. Etwa wie folgt.

Annie: »Nein, allein würden wir niemals so viel sehen können.«

Ich: »Aber wir würden nicht so unter Stress stehen.«

Annie: »Durch die Reiseleiter erfährt man viel übers Land.«

Ich: »Finde ich nicht. Außer Deutsch können sie kaum was. Keine Ahnung von Kunstgeschichte, keine Ahnung von Geografie. In den Reiseführern, die wir dabeihaben, steht mehr. Außerdem finde ich es seltsam, immer hinter einem Fähnchen herzulaufen.«

Annie: »Glaubst du, wir hätten die Wanderungen allein so gut hingekriegt?«

Ich: »Die Wanderungen waren bisher wunderschön. Allerdings waren es keine Geheimtipps, wir mussten ja für jeden Weg an einem Kassenhäuschen Eintritt bezahlen. Und dass sich unsere Herren Reiseleiter außerstande sehen, die fliegenden Händler von uns fernzuhalten, ist auch schwach. Vielleicht hätten wir die zu zweit schneller abgeschüttelt.«

Auf der Großen Mauer hatte sich eine Gruppe von Verkäufern drei Stunden lang an unsere Fersen geheftet. Alle paar Minuten versuchten sie, uns »Lolex« und »Pussycards« (Uhrenimitate und Postkarten) zu verkaufen. Eine Händlerin trat sogar – unabsichtlich – einen Mauerstein los, der Annie auf den Fuß traf und ihr einen blauen Zeh bescherte.

»Ich bereue die Reise nicht«, fahre ich fort. »Ich meine nur, dass man als Individualreisender eine Spur authentischer unterwegs sein kann. Durch die Gruppe bist du ein 100-prozentiger Tourist …«

Annie: »Das bist du doch sonst auch …«

Ich: »Aber ich könnte mir dann leichter einbilden, ich wäre es nicht.«

Unsere Gespräche fallen mir wieder ein, als wir die Frauen

der Yao-Minderheit fotografieren. Allein unterwegs, kämen Annie und ich nie auf die Idee, Einheimischen Geld zu geben, damit sie sich vor uns produzieren.

Immerhin, die Landschaft ist exotisch und imposant. Wir befinden uns in den Reisterrassen von Longsheng in Südchina, angelegt an steilen Gebirgshängen vom Bergvolk der Yao, einer Ethnie mit tibetischen Wurzeln. Auf und ab führt der schmale Weg, und erfreulicherweise sind sogar mehr Einheimische unterwegs als Touristen. Straßen gibt es hier oben nicht; alle Güter müssen auf Maultieren oder durch menschliche Träger transportiert werden.

Aber eine leise Missstimmung liegt heute über unserer Gruppe. Ursache ist der regionale Reiseleiter, Herr Lu. Der hatte sich nämlich vorgestern verirrt. Statt die Gruppe wie geplant zum Ausgangspunkt zurückzuführen, verlor er die Orientierung, musste nach dem Weg fragen und schließlich einen Bus anhalten, um uns zurück nach Yangshuo zu bringen. Und das, obwohl er diese Wanderreise angeblich schon mehrfach geleitet hat. Der Fehler wäre ihm wohl verziehen worden, hätte er sich nach deutschem Brauch entschuldigt oder zumindest Selbstironie an den Tag gelegt. Doch nichts dergleichen.

Schon vorher hatte er Sympathien eingebüßt, weil er wiederholt gewitzelt hatte, seine deutschen Gäste sollten an den Essensständen der Nachtmärkte doch endlich mal Hund, Katze oder Ratte probieren. Das schmecke alles ausgezeichnet. Weiß er nicht, dass wir die Vorstellung eklig finden?

Als uns jetzt die Yao-Frauen vorausgehen, wird gemutmaßt, Lu habe sie nicht nur der Fotosession wegen einbestellt, sondern auch, um ihm und uns den Weg zu weisen.

Man überbietet sich in Scherzen über sein Orientierungsvermögen: »Wir hoffen, dass Sie ein Nachtsichtgerät dabeihaben!« – »Ich streu sicherheitshalber Papierschnitzel, damit wir zurückfinden.« Lu kann nicht darüber lachen, hört sich alles mit steinerner Miene an und wird immer schweigsamer. Annie und ich mutmaßen, dass er jetzt möglicherweise »sein Gesicht verloren« hat. Das geschieht, wenn ein Ostasiate vor anderen bloßgestellt wird, und ist eine schlimme Angelegenheit.

»Weiß ich nicht!«, blafft er nun, wenn jemand von ihm wissen will, was die Leute in ihren Tragen transportieren, ob es sich bei den Arbeitstieren um Wasserbüffel oder eine andere Rinderart handelt. Die Stimmung sinkt weiter, als sich herausstellt, dass uns die begleitenden Yao-Frauen in ihrem Heimatdorf auch das Mittagessen zubereiten werden. Lu sei auf diese Billiglösung gekommen, um von dem ihm zur Verfügung stehenden Gruppen-Verpflegungsgeld möglichst viel für sich abzuzweigen, giften einige außerhalb seiner Hörweite.

Das Dorf mit seinen großen Holzhäusern sieht indes fantastisch aus – von Weitem. Aus der Nähe wirkt es ärmlich, und es riecht auch nicht gut. In den offenen Erdgeschossen sind Schweinekoben und Latrinen untergebracht; außerdem scheinen die Bewohner die Sitte zu pflegen, Abfälle einfach aus den Fenstern zu werfen.

Die Frauen führen uns über eine Treppe in eine Art Gemeinschaftsraum und beginnen in einer Ecke, das Essen zu brutzeln. Das dauert zum allgemeinen Ärger fast eine Stunde. Immerhin ist die These nicht zu halten, Lu meide aus Kostengründen ein besseres Restaurant: Es handelt sich offensichtlich um die einzige Verpflegungsstation am Ort. Das Essen schmeckt auch nicht schlecht, doch angesichts der hygienischen Verhältnisse stochern die meisten recht lustlos in den Tellern herum.

Ein großes Plakat hängt an der Wand. Ich glaube meinen Augen nicht zu trauen: Es zeigt Josef Stalin. Handelt es sich um ein authentisches Zeitdokument? Oder bloß um einen Trick, um den Touristen vorzumachen, die Gegend sei wirklich rückständig und steinzeitkommunistisch?

Drei der Köchinnen begleiten uns auch am Nachmittag; mit unermüdlichem Fleiß versuchen sie, Stickereien oder Postkarten zu verkaufen. Erst kurz vor Schluss kehren sie um und verabschieden sich ausgiebig von Herrn Lu – offenbar war die Vermutung zutreffend, dass sie für uns auch als Bergführerinnen tätig waren.

Mit großer Verspätung nähern wir uns dem Zielort. Sieben Stunden sind wir schon unterwegs, fünf Stunden sollte die Wanderung laut Reiseausschreibung dauern. Es dunkelt schon, als wir unten im Tal den Tourbus erreichen. Es folgen zweieinhalb Stunden Fahrt auf holperigen Straßen bis zum Hotel. Beim Abendessen lassen uns Lu und Feng wie üblich allein, was die Gruppe zu einer ausgiebigen Diskussion über die Qualität der Betreuer nutzt.

Nun bekommt auch Herr Feng, der Hauptreiseleiter, sein Fett ab. Bei S., einem anderen Studienreisen-Veranstalter, seien die Führer viel besser gewesen, klagt Doris. »Ihre Entfernungs- und Zeitangaben stimmen sowieso nie«, lässt sich Tamara vernehmen. Feng hätte die Defizite von Lu ausgleichen müssen, meint Inge, habe sich aber total indifferent verhalten. Überhaupt seien die beiden zu salopp, zu respektlos.

Stefan bemängelt, dass sie auch keinen Erste-Hilfe-Koffer mit sich führen würden: »Wie leicht kann mal einer auf den Stufen stürzen oder eine Reisterrasse runterfliegen! Ich bin sicher, die haben nicht mal einen Erste-Hilfe-Kurs absolviert. Die verlassen sich einfach darauf, dass die Gäste das können! Bei unserer Kreta-Wanderreise im Frühling hat sich einer das Bein gebrochen, und der Führer hat ihn sofort gut versorgt!«

»Wir sind in der Dritten Welt, da kannst du so was nicht verlangen«, opponiert Helmut, »das ist hier ein Wanderentwicklungsland. Wenn in den Bergen was passiert, hast du Pech gehabt. Das muss dir klar sein, wenn du hierherfährst.«

Mehrere deuten an, dass sie sich gegenüber Herrn Lu bei der Trinkgeldbemessung revanchieren würden. Reiseleiter, so hatte uns Herr Feng schon gleich zu Beginn instruiert, erwarten zwei Euro pro Tag und Teilnehmer.

Erwartungen können täuschen. Schmallippig bedankt sich Lu am nächsten Vormittag übers Busmikrofon für das überreichte Kuvert, schütterer Beifall ertönt. Dann sagt er noch (und nun klingt es wirklich sadistisch): »Wenn Sie wiederkommen, dann probieren Sie doch endlich mal Hund, Katze, Ratte.«

Er begleitet uns noch in die Halle des Flughafens von Guilin. Dann ist er plötzlich verschwunden, grußlos.

## *Stiftung Föhrentest: Die deutschen Mittelgebirge im Leistungsvergleich*

Ich bin selber schuld. Angestachelt von aufreizender Werbung, zusätzlich in die Enge getrieben von der Weigerung meiner Frau, mich auf einer weiteren Hochgebirgstour zu begleiten, entscheide ich mich für eine sommerliche Tour in den deutschen Mittelgebirgen.

Meist im Duo mit Annie begehe ich vier hoch gepriesene Mittelgebirgs-Fernwege, drei davon erst in den letzten Jahren konzipiert und ausgeschildert. Allesamt werden sie als »Top Trails of Germany« beworben, was, wie man zu glauben scheint, besser klingt als »Spitzenwege von Deutschland«.

Wenn Wanderwege schon als Konsumprodukte vermarktet werden, liegt es nahe, sie zu bewerten. Aus juristischen Gründen betone ich vorweg, dass es sich dabei nicht um einen ernst gemeinten Test handelt. Keinen Weg habe ich vollständig begangen. Ich schildere hier nur völlig subjektive Impressionen, liebe Rechtsanwältinnen und -anwälte.

Dennoch gleich zur Zeugnisausgabe:

Rothaarsteig 4–5

Frankenweg 2–

Rheinsteig 1–2

Schwarzwald-Westweg 4

Für keinen wird so großspurig geworben: »Der **Rothaarsteig** – führend in Deutschland«, wird er gerühmt, in einer dicken, bunten Werbebroschüre mit tollen Fotos. Auch als »Weg der Sinne« tituliert man ihn. Der Super-Trail verbindet die Städtchen Brilon im Sauerland und Dillenburg in Hessen.

Die Sinne des Autors und seiner Frau wurden hingegen ziemlich angeödet. Die versprochenen Aussichten sind dünn gesät, und die Beschaffenheit des Wegs enttäuscht sehr. »Steig« suggeriert schmale, steile, gewundene Pfade – doch die werden uns nur in homöopathischen Dosen zuteil. Meist wandern wir auf Forstwegen, die auch noch fast kerzengerade in nur leichtem Auf und Ab über die Kammhöhe des Rothaargebirges führen; Teilstücke sind sogar asphaltiert. Die hübsch gestalteten Ruhebänke, die alle paar Kilometer aufgestellt sind, und eine Serie von großen Skulpturen (wow, Kunst im Tann!) ändern nichts am flauen Gesamteindruck. Annie ächzt gar, sie empfinde einen »Langeweile-Lebensrekord«. Wir stoßen aber immerhin auf eine Wanderin – vielen Tourengehern begegneten wir ohnehin nicht –, die den Weg zu unserer Verblüffung »grandios« findet. Das soll aus Gründen der Ausgewogenheit nicht unerwähnt bleiben. Rothaarsteig, setzen!

**Frankenweg:** Wir wandern an den Hängen des schönen Wiesent-Tals. Schön? Nur dann, wenn man sich Ohrstöpsel einführen würde. Wochenende, und das Tal ist schmal. Ein Sound wie neben der Autobahn. Die kurvenreichen Straßen sind unter Bikern sehr beliebt, und alle Gangs Süddeutschlands scheinen sich heute hier treffen zu wollen. Es dröhnt und röhrt wie nichts Gutes. Die hübschen Wälder und imposanten Felsen können Annie und mich nicht trösten, wir regen uns gewaltig auf. »Sollen sie doch an die Wand fahren, die Vollgas-Idioten!«, schimpfe ich.

Der neu markierte Pfad – er schlängelt sich über 500 Kilometer weit von der schwäbischen bis zur thüringischen Grenze – führt in diesem Bereich häufig durch Täler. Das ist gut gemeint, denn die sind wildromantisch mit steilen Felsen gesprenkelt –, doch die Schöpfer haben nicht bedacht, dass dort auch Straßen verlaufen, auf denen die Hölle los ist.

Aussicht von einem Felsen: Unten auf der Bundesstraße gibt es Stau. Ein Notarztwagen mit Blaulicht steht an einer Kreuzung, auf der ein Motorrad liegt. Leute beugen sich über jemanden, der von hier oben nicht zu sehen ist. Annie und ich schweigen betreten. So hatten wir's dann doch nicht gemeint.

Wir ändern den Kurs und wandern am nächsten Tag auf selbst gewählten Pfaden. Weit weg von den lärmenden Verkehrsströmen kommen wir, begleitet nur von Vogelgezwitscher, durch eine allerliebst kleinteilige Landschaft aus Wäldchen, Feldern, Lichtungen, Feldrainen. Hin und wieder ragen Felstürme auf, an denen Kletterer ihr Glück versuchen, Wanderern begegnen wir kaum. Die Mittagseinkehr entfällt, weil es in den kleinen Dörfern keine Gasthäuser mehr gibt.

Erst am Nachmittag können wir uns einen Eiskaffee genehmigen. Zu meinem Verdruss tuckern Motorradfahrer heran, um sich ausgerechnet hier zu stärken. Sie nehmen die Helme ab, zum Vorschein kommen ältere Männer und Frauen vom Typus Oberstudienrat und -rätin. Sie witzeln am Nebentisch entspannt vor sich hin, was auch mich milde stimmt.

Wir kehren auf den Frankenweg zurück, der uns in einen wunderschönen Wiesengrund führt, in dem uns im warmen Spätnachmittagslicht zwei Bussarde ihre Flugkünste vorführen; dann flieht ein Reh vor uns durchs Rapsfeld. Doch nun hetzen uns die Frankenweg-Macher recht unmotiviert einen Berg hinauf, obwohl man den Zielort auf direktem Weg leichter erreichen würde.

»Jetzt weiß ich, warum das Top-Trail heißt«, seufzt die schwitzende Annie, »weil er immer die höchsten Punkte miteinander verbindet.«

Am nächsten Vormittag zeigt sich der Pfad von seiner schönsten Seite: Die Strecke ist reizend und vermeidet dazu allzu starke Ab- und Aufstiege. Selbst Annie ist's zufrieden: »So verstehe ich das Wandern! Diese Temperatur, diese Sonne, dieser Wind, diese Steigung, diese Wälder und Felder. Heute hast du's gut hingekriegt, Frank!«

**Rheinsteig:** Er führt noch stärker auf und ab als der Frankenweg, doch meist aus gutem Grund. Sein kurvenreiches Profil wird durch die vielen Seitentäler und Schluchten erzwungen, die ins Haupttal münden. Die sportliche Herausforderung zieht auch viele jüngere Wanderer hierher.

Zweien begegnen wir, als wir auf der Flucht vor einem Gewitter zum Rhein absteigen. Es beginnt zu gießen, und so eilen wir, so schnell wir können, den Pfad hinunter. Ein junges Pärchen vor uns hat dieselbe Idee. Direkt vor mir erhebt der Kerl einen seiner Holzstöcke, die er sich wohl im Wald aufgelesen hat, gegen ein Marienbild am Wegrand und beginnt, die Dame in Blau wegen des Wetters zu beschimpfen, wahrscheinlich will er dadurch vor seinem Mädel den coolen Max markieren. Es donnert wieder; wir überholen die beiden schnell. Ich glaube zwar nicht an höhere Mächte, gehe aber lieber auf Distanz zu Leuten, die während eines Gewitters zu sakrilegischen Akten neigen. Ein paar Minuten später erreichen wir eine Bahnunterführung. Obwohl wir uns dort eine Viertelstunde unterstellen, sehen wir die beiden nicht wieder. Seltsamerweise geraten wir am Abend im Örtchen Bornhofen – ein uns bis dahin unbekannter Wallfahrtsort – sogar noch in eine Marienprozession! 700 ältere Damen, auf Schiffen angereist, ziehen mit brennenden Kerzen mehrfach durch den Ort und singen stundenlang. Zur Sühne? Das Rheinland kann ganz schön exotisch sein.

Doch vor allem: Der Wanderweg ist toll. Er führt durch Weinberge, dann über Felder, durch Wälder und kleine Schluchten. An den Steilhängen wächst ungewöhnlicher Niederwald, eine Mischung aus kleinen Eichen und Hainbuchen. Dazu eröffnen sich immer wieder Ausblicke auf den Rheinstrom, für die das Wörtchen »grandios« hier durchaus am Platz ist.

Für zwei Etappen schließt sich uns unser alter Freund Udo an, der sich gleich mit Annie gegen mich verbündet: Zwei gegen einen – nun müssen wir ständig einkehren, Pausen machen … Annie strahlt. Auch Udo ist ganz hingerissen vom Weg, und im himmlisch gelegenen Dörfchen Dörscheid trinke ich, ganz gegen meine Wandergewohnheit, schon vor dem Etappenende ein Bierchen und genieße die dramatisch schöne Aussicht: Nachdem es lange drohend dunkel war und fern Gewitter grummelten, kommt nun die Sonne heraus und beleuchtet ein weites Panorama vom Westerwald bis zum Hunsrück, die Schlucht des Rheins dazwischen ist nur zu erahnen.

Fast schon bei Dunkelheit kommen wir in Kaub an. Dann plaudern wir auf einer Restaurant-Terrasse über die alten und die neueren Zeiten und trinken reichlich Rheinwein. Verstummen müssen wir allerdings, wenn nebenan auf dem Bahndamm wieder ein Güterzug vorbeirattert. Der Eisenbahnlärm ist das einzige Manko des Rheinsteigs, fast unablässig fahren auf beiden Seiten des Stroms die Züge.

Annie hat mich allein zurückgelassen, denn sie muss wieder arbeiten. Von Triberg im mittleren Schwarzwald aus erreiche ich den in Wandererkreisen seit langem populären **Westweg** (es gibt auch einen weniger berühmten Ostweg – und für die, die sich zwischen beiden nicht entscheiden können, sogar einen Mittelweg). Schon gut 100 Jahre ist es her, seit der Schwarzwaldverein den Westweg konzipiert und markiert hat, auf seine alten Tage hat er sich nun auch in die »Top Trails of Germany« eingereiht.

Nach den ersten Stunden bin ich richtig sauer. Ich gehe fast nur auf breiten Forstwegen oder regelrechten Straßen. Das will ein Spitzen-Trail sein? Ich versuche meinen Ärger zu mäßigen. Vermutlich war der Pfad einst herrlich, aber seither haben sich Land-, Forstwirtschaft und Straßenbau vieler Teilstücke bemächtigt. Ein Blick auf die Karte zeigt, dass manches auf kleinen Wegen zu umgehen wäre. Und warum kann man nicht neben dem Asphalt Fußpfade anlegen? Vielleicht wäre es aber das Beste, gleich einen neuen »Schwarzwaldsteig« auszutüfteln.

Ich beschließe, mir den Kick auf andere Weise zu holen: Telefonisch mache ich die bereits gebuchte Übernachtung rückgängig und setze mir ein Ziel elf Kilometer weiter. Das ergibt eine 35-Kilometer-Etappe – Tagesstreckenrekord! Nun kommt auch noch die Sonne raus, und kurz vor dem Ziel, dem Weiler Thurner, öffnet sich die Landschaft: In Hügelwellen fällt hier das Gebirge zur Rheinebene hin ab, in einem liebreizenden Wechsel zwischen Wäldchen, Wiesen, Weilern und Dörfern. Und alles liegt im milden Licht der Abendsonne; ein paar Minuten lang überhöre ich sogar den Lärm von der nahen Bundesstraße.

Am Mittag des nächsten Tags beginnt es zu regnen und wird kalt, laut Wetterbericht soll es so auch die nächsten Tage bleiben. Ich breche ab; statt drei Wochen Deutschlandwandern werden es nur zweieinhalb.

Ich suche die Wildnis, jedenfalls eine Ahnung von ihr. In den deutschen Mittelgebirgen ist sie kaum zu finden, schon wegen des fast allgegenwärtigen Verkehrslärms. Ungut finde ich auch die immer weiter verbreiteten Windkraftmasten mit ihren rotierenden Riesenpropellern; selbst aus weiter Entfernung drängen sie sich ins Auge und zerstören die Illusion, man bewege sich in einer Naturlandschaft.

Vermutlich bin ich auch durch die Hochgebirge und andere spektakuläre Landschaften, die zu bereisen mir vergönnt war, für die mittlere Dimension verdorben. Etwas Dramatisches, zumindest Außerordentliches sollte schon dabei sein, wie am Rheinsteig.

Wenn ich noch einmal durch die deutschen Mittelgebirge ziehe, dann mit dem Fahrrad. Zum Radwandern sind Forstwege ideal …

Und auch für das Wanderweg-Business gilt die alte Warnung: Man soll nicht alles glauben, was die Reklame behauptet.

## *Still und starr ruht der See – unterwegs in Nebel und Schnee*

Kann man im Winter wandern? Ja. Sollte man im Winter wandern? Das ist die Frage. Kaum ist die Sonne aufgegangen, geht sie auch schon wieder unter. Die Bäume sind kahl, die Wege matschig, das Gras graubraun – sofern nicht alles ohnehin von einer weißen Masse bedeckt ist, in die man entweder einsinkt oder auf der man ausrutscht. Kalte Nase, kalte Füße, kalte Hände, kalte Ohren. Ausflugsrestaurants und Berghütten sind zumeist geschlossen, und die Menschen gehen schwer vermummt einher.

Viele Jahre habe ich Winterwandern, so gut es ging, vermieden. Möglicherweise hat dies mit einem Kindheitstrauma zu tun: Im Winter 1963 verlebte ich mit Papa, Mama und Bruder einen dreiwöchigen Skiurlaub im Südschwarzwald. Doch leider war es fürs Skifahren viel zu kalt, und auch für alles andere.

Ein- oder zweimal fuhren wir mit Bahn und Bus zu einer Piste und schnallten die Bretter unter, aber der Fahrtwind machte den Frost noch unerträglicher. Es war der kälteste Winter des 20. Jahrhunderts, Hunderte von Menschen in Mitteleuropa erfroren. Aber gebucht ist gebucht: Wir saßen die meiste Zeit in unserer Mini-Ferienwohnung in einem Bahnwärterhäuschen, beobachteten die vorbeifahrenden Züge mit ihren Schneewirbeln, spielten Karten, Halma, Mühle und Mensch-ärgere-dich-nicht (Fernsehapparat Fehlanzeige) und trugen dicke Pullover, denn der Ofen schaffte es nicht, die Bude warm zu kriegen. Draußen konnte man nicht einmal Schneemänner bauen – das weiße Element war pulverig wie Mehl. Jeden Nachmittag mussten wir auf Geheiß des Familienoberhaupts durch einen furchtbar schattigen Wald zu einem See stapfen, auf dessen Eisfläche herumschlittern und so tun, als mache der Urlaub trotz allem Spaß.

Doch nicht alle Winter sind so bitterkalt, glücklicherweise. Meine wandertechnische Aversion gegen diese Jahreszeit habe ich schon vor einiger Zeit relativiert. Ein lohnendes Ziel für Spätherbst und Winter sind, finde ich, Seen. Da stört es auch nicht so, dass die Natur tot ist. Reizvoll, ja bezaubernd kann es sein, wenn die Wasserfläche »still und starr ruht«, wie es im Weihnachtslied heißt, befreit von Segelbooten und hektischen Windsurfern, wenn das gegenüberliegende Ufer im Nebel verschwindet, die Enten sich melancholisch umhertreiben lassen.

Ja, ein See soll es sein an diesem Samstag. Groß muss er sein, Tümpeln fehlt die Erhabenheit. Als Münchner habe ich da im Prinzip drei Möglichkeiten. Chiemsee? Zu weit weg, zu viele Schilfgürtel, die den Blick aufs Wasser versperren. Starnberger See? Zu schmal, zu versnobt. Ammersee? Da war ich schon ein paar Mal. Kein Traumziel, aber wohl noch die beste Wahl. Karte her! Eine Dreiviertel-Umrundung ließe sich machen, von Herrsching nach Dießen, 30 Kilometer weit. Hin- und Rückfahrt mit der Bahn möglich.

Samstagmorgen. Auf den S-Bahnsteigen erstaunlich viele

einzelne Männer mit Rucksäcken. Bin auch einer. Am Seeufer treffe ich allerdings nur auf Jogger sowie betagte Nordic Walker, die gemächlich ihre Stöcke spazieren tragen. Ich hatte gehofft, es würde romantisch-neblig sein, doch die Sonne scheint, wenn auch leicht verschleiert. Über dem Südende des Sees erhebt sich, obwohl 40 oder mehr Kilometer entfernt, die Alpenkette in stupender Klarheit. Ich breche auf in Richtung Norden, der Himmel bewölkt sich langsam.

Mein Faible für Seespaziergänge und -wanderungen entstand in den Jahren, in denen es mich beruflich in die Nähe des Bodensees verschlagen hatte. Im Sommerhalbjahr ist das »Schwäbische Meer« ein touristischer Brennpunkt erster Ordnung, doch im Herbst und Winter ein verschwiegener, schöner Ort. Zu meinen Lieblingsplätzen wurden dabei nicht so sehr die natürlich gebliebenen Uferareale – Schilfgebiete, Kiesstrände oder Wäldchen –, sondern die von Menschen umgestalteten: Wo sich Bootsstege und Kaimauern in die Weite des Sees hinausrecken, wo sich Parkanlagen und Promenaden mit ihren Ufermauern und Brüstungen scharf zum Wasser hin abgrenzen. Wo Bootshäuser auf schlanken Pfählen stehen, Schifffahrtsmarkierungen und Anlegepfähle aus der spiegelnden Fläche ragen, Treppenstufen zu ihr hinunterführen. Harte Strukturen vor der weichen, vagen Unendlichkeit. Warum mich diese Anblicke so anrührten (und es heute immer noch tun), habe ich nie ergründen können.

Innerhalb von drei Jahren schritt ich damals fast das komplette Ufer ab, einschließlich der österreichischen und Schweizer Seite. Leider liegt der Bodensee von München für Wochenendausflüge zu weit weg.

Kann ihn der Ammersee ersetzen? Eher nicht. Stege und

Bootshäuser gibt es auch, doch das gegenüberliegende Ufer liegt recht nah. Heute passt zudem das Wetter nicht. Die Sonne ist zwar verschwunden, aber der Wind pfeift, erzeugt Schaumkronen auf den Wellen, macht alles unruhig.

Ich raste auf einem Baumstamm, schreite dann auf einer Kiesbuhne hinaus in den See. Finster schaut nun das kolossale Zugspitzmassiv zu mir herunter. Landeinwärts entdecke ich auf dem Hochufer eine imposante Villa mit großen Fenstern – moderne Architektur, ausgezeichnet gelungen. Im Garten mit seinen hohen Bäumen schuftet ein dunkelhäutiger Mann, sicher ein Bediensteter. Seeblick, Alpenblick, ruhige Lage – beinahe tut's mir in diesem Moment leid, nicht Chefarzt oder Unternehmer geworden zu sein. Ich gehe den Hang hoch und komme durch die zweite und dritte Reihe der See-Anwesen mit ihren nur noch protzigen Gebäuden. Über ihnen liegt das Odeur von Reichtum, Langeweile und Unglück (bilde ich mir ein). Nein, wenn ich an einem See wohnen würde, dann nur direkt am Ufer! Im nächsten Leben also …

Es folgt der schönste Teil des Wegs, zwischen Breitbrunn und Stegen in der Nordost-Ecke des Sees, zuerst dicht am Ufer entlang, dann erhöht über einem Abhang. Doch der Wind ist zum Sturm geworden, das Getöse geht mir schwer auf die Nerven, ich habe Angst davor, dass mir ein Ast auf den Kopf fallen könnte. Als ich in Stegen zum Mittagsmahl einkehre, zeigt sich noch einmal kurz die Sonne. Beim Hinausgehen tröpfelt es schon; zehn Minuten später peitscht mir der Regen ins Gesicht. In Schondorf gießt es immer noch, und es gibt keine Anzeichen für eine Wetterbesserung. Missgestimmt breche ich die Tour ab.

Über Kopfhörer lausche ich einer deutschen Rockband. »Du wirst nie wie Elke sein«, jammert der Sänger, seine aktuelle Herzensdame mit einer verflossenen vergleichend. Oh, mein Bodensee!

Das »richtige« Winterwandern indes findet am besten in den Bergen statt. Die spektakulärste Variante ist das Gehen mit Schneeschuhen – Tretwerkzeuge mit einem skiartigen, aber rutschfesten Unterbau. Diese Fortbewegungsart empfiehlt sich vor allem für Tiefschnee. Anfänger sollten idealerweise einen Grundkurs belegen oder sich geführten Touren anschließen – denn die Gehtechnik ist gewöhnungsbedürftig, und in steilerem Gelände drohen Lawinen. Es soll sogar Freaks geben, die Mehrtagestouren unternehmen und in der Kälte biwakieren; man kann bereits Kurse im Iglubauen buchen.

Vor allem wegen der Lawinengefahr habe ich mich noch nicht fürs Gehen mit Schneeschuhen erwärmen können. Ich ziehe Touren auf geräumten Wegen vor. Eine wachsende Zahl von Fremdenverkehrsorten – in den Alpen, aber auch in deutschen Mittelgebirgen – wirbt ausdrücklich mit dieser Variante des Wanderns; mit Hilfe kleiner, wendiger Fräsmaschinen werden Strecken freigeblasen.

Das tut man natürlich nicht aus purer Humanität, sondern um dem Bergwinter – angesichts der stagnierenden Zahl der Skiläufer – neue Zielgruppen zu erschließen. Eine Umfrage im österreichischen Vorarlberg erbrachte, dass bereits ein Fünftel der dortigen Wintertouristen wandern (als Hauptbeschäftigung oder zusätzlich zum Skifahren). Meistens ist der Schneeuntergrund der Pfade schön trittfest, weder zu glatt noch zu tiefgründig. Gebühren für die Benutzung werden (noch) nicht erhoben, die örtliche Gastronomie profitiert auch so.

Die Sportartikelindustrie hat ebenfalls reagiert und bietet Winterbergstiefel in diversen Modellen an. Unten sehen sie aus wie normale Bergschuhe, doch der Schaft reicht etwa bis zur halben Wadenhöhe hinauf. Besonders dick gefüttert, sollen sie zudem für große Kälte tauglich sein. Ich meine aber, dass es für geräumte Wege auch normale Wanderschuhe tun. Nützlich sind Gamaschen, die verhindern, dass Schnee von oben in die Schuhe rutscht, und Teleskopstöcke, die unten mit Tellerchen gegen das Einsinken versehen sein sollten.

Annie und ich verbrachten im letzten Januar drei Tage im Tiroler Örtchen Kössen und erfreuten uns dort an den akkurat markierten und gepflegten Wegen, besonders dem zur Taubenseehütte. In dicken Wülsten lag der Neuschnee auf den Zweigen der Fichten und überwölbte sogar die kahlen Äste der Laubbäume. Über Wäldchen und freie Flächen, an großen Höfen vorbei, führte der Weg bergauf. Ein Wintertraum in Weiß, mit den Zacken des Wilden Kaisers im Hintergrund – und im gleißenden Licht nur mit Sonnenbrille zu ertragen. Gnädig schminkte der Schnee die weniger schönen Seiten der Zivilisation zu, die es auch hier gab: Parkplätze, Kläranlagen, Gewerbegebiete. Selbst die Neubauviertel sahen aus wie Zwergenhäuschen in einem Märchentrickfilm. Und wo war eigentlich der Autolärm? Verschluckt vom kristallisierten $H_2O$!

Freilich ist das Gehtempo im Schnee niedriger, und so war es schon mittlerer Nachmittag, als wir die Hütte erreichten – in der es sich schon zahlreiche andere Schneewanderer gut gehen ließen.

Die Zubereitung unseres Kaiserschmarrn nahm geraume Zeit in Anspruch. Als wir das Gasthaus verließen, stand die Sonne schon verdächtig tief und sandte bereits ein warmes, rötliches Licht aus. Bald lag die Schneelandschaft in Rosa vor uns; etwas später waren nur noch die höchsten Bergspitzen von dieser Couleur, während sich alles andere blaugrau einfärbte. Als die Nacht hereinbrach, hatten wir noch eine Stunde Weges vor uns.

Aber ich habe ja immer eine Taschenlampe dabei.

## *Bock sucht Gämse – Wandern und Sex*

Dieses Kapitel schreibe ich auf Anraten meiner Frau. Sie sagte: »Dein Wanderbuch ist zwar schon ganz gut« (uff!), »aber es braucht noch ein bisschen mehr Pep! Mach was über Sex rein!« Nun, ich gehorche meistens meiner Frau, so auch in diesem Punkt. Aber ich vermute, ihr ging es um etwas anderes. Ich spreche es hiermit aus: Sie wollte wissen, was ich denn überhaupt so tue und was in mir vorgeht, wenn ich ohne sie durch die Berge stapfe. Speziell in Bezug auf das Thema andere Frauen. Gleich vorweg: Ich habe ihr nichts Handfestes zu gestehen. Und dass mich mal die ein oder andere Wanderin nicht ganz gleichgültig lässt, ist ja nur menschlich oder wenigstens männlich. Davon später.

Zunächst dachte ich, das wird ein sehr kurzes Kapitel. Wandern ist dem Sexus im Allgemeinen nicht günstig, auch dann nicht, wenn man schon mit einem Liebespartner aufgebrochen ist. Gut, Zuneigung und Vertrautheit wachsen (man kann sich freilich auch gehörig auf den Senkel gehen), aber das körperliche Zueinanderfinden wird eher gehemmt durch tiefe Erschöpfung am Abend und den meist frühen Aufbruch am Morgen. In Berghütten fehlt schon die Gelegenheit, es sei denn, man ergattert ein abschließbares Zimmer.

Doch auch in solchen ist das Miteinander gewöhnungsbedürftig. Ich entsinne mich, dass ich einmal in sehr viel jüngeren Jahren mit einer neuen Flamme in einem Wanderheim abgestiegen war. Das lag im Schwarzwald, zwischen den Orten Titisee und Hinterzarten, was sich ja in gewisser Hinsicht viel versprechend anhört. Ich weiß nicht mehr genau, woran es letztlich lag, dass sich die höchste Leidenschaft nicht einstellen wollte. Irgendwie war unser Liebeslager im Doppelstockbett reichlich eng und hart, vielleicht hemmte uns auch der Gedanke, dass durch die dünnen Holzwände etwas vom möglicherweise geräuschvollen Liebestreiben an andere Ohren, gar Kinderohren, gelangen könnte.

Um solchen Schwierigkeiten aus dem Weg zu gehen, könnte man mit etwas Kühnheit versuchen, dem Triebe tagsüber in der freien Natur zu frönen. »Im Wald und auf der Heidi«, so lautet ja ein einschlägiger Chauvi-Kalauer, den ich hier voll Widerwillen zitiere. Das mag in lieblichen Mittelgebirgen angehen, im Hochgebirge erschweren Steilheit, steiniger Untergrund und Offenheit des Geländes oberhalb der Baumgrenze derlei Aktivitäten. Ehrlich gesagt, ich selber habe es noch nie im Freien gemacht, und ich habe auch noch nie Paare hinter Büschen oder Felsen dabei erwischt.

Das einzige Erlebnis in dieser Richtung erfuhr ich durch eine nackte und auch sehr hübsche Wanderin, die mir mal im französischen Massif Central über den Weg lief. Nun, sie hatte noch Stiefel und Höschen an und einen ebenfalls ziemlich enthüllten Begleiter im Schlepptau. Die beiden waren auch ganz normal am Wandern, und nicht die Lust, sondern die große Hitze hatte sie bewogen, sich der meisten Kleidungsstücke zu entledigen.

Mit der Präsentation der bloßen Brust hatte sie freilich

nur das getan, was damals, Mitte der 1980er-Jahre, im Freibad oder am Strand weiblicherseits üblich war.

Die Sitten haben sich geändert: Heute wäre eine Oben-ohne-Trekkerin noch viel ungewöhnlicher als damals. Obwohl die Damen natürlich immer noch zu reizen wissen. Ich meine bei meinen Streifzügen aber klare nationale Unterschiede festgestellt zu haben. Deutsche Wanderinnen jeden Alters kleiden sich im Sommer in weite Outdoorshorts und -shirts, die die Erwärmung an Brust, Schenkeln und Gesäß gesundheitsmäßig korrekt zur Ventilierung bringen. Italienerinnen, jedenfalls die jüngeren, tragen meist sehr knappe Stretchsporthöschen und enge, oft bauchfreie Oberteile, welch Letzterer sie sich bei Hitze entschlossen entledigen und ihre Sport-BHs aufblitzen lassen. Wenn es sich bei jenen bescheiden dimensionierten Textilien überhaupt um Sport-BHs gehandelt hat, die die beiden Ragazze auf der Terrasse des Rifugio Tissi unter ihren Tops hervorschälten. Aus Schicklichkeit mussten nun die versammelten Herren (sofern sie nicht, wie ich, eine Sonnenbrille auf der Nase hatten) ihre Blicke auf die Bergspitzen richten, obwohl sich faszinierendere Alternativen boten.

Womit wir bei der interessanten Frage wären, ob denn das Wandern überhaupt dazu taugt, amouröse Beziehungen anzubahnen. Modisch gesprochen, welcher Flirtfaktor unserem lieben Hobby innewohnt. Antwort: kein sehr hoher, fürchte ich. Die beiden scharfen Italienerinnen von eben waren mit kräftigen Begleitern unterwegs, so wie es bei fast allen dem männlichen Beuteschema entsprechenden Wanderinnen der Fall ist.

Auch bei vermeintlichen Solo-Geherinnen darf man sich

als Mann keinen falschen Hoffnungen hingeben. Kaum hat man so eine angesprochen – ich wollte sagen, hat man dies spielerisch in Erwägung gezogen –, biegt auch schon der Herr Galan um die Kurve, der etwas zurückgeblieben war, wohl um zu pinkeln. Ich habe lange im Oberstübchen gekramt und kann mich an keine Einzelgängerin sowie an keine Frauengrüppchen erinnern, welche mir bei meinen Mehrtagestouren über den Weg gelaufen wären und mein (theoretisches) Interesse erregt hätten. Halbwegs attraktiven Damen ohne Männerbegleitung kann man vereinzelt auf Tagestouren am Wochenende begegnen, aber bei ihnen muss man davon ausgehen, dass der Freund oder Gatte mit Schnupfen zu Hause sitzt, fürs Examen lernt oder dergleichen.

Nun gut, manchmal kommt auch ein treuer, treuer Ehemann wie ich ins Träumen. Da war diese Frau in der Schlüter-Hütte … Sie sah genauso aus wie Nadja Auermann, nur 15 Jahre jünger. Natürlich ein Kerl dabei, halb so alt und doppelt so muskulös wie ich. Wir frühstückten am selben Tisch, hatten dann denselben Weg, aber die beiden starteten etwas früher. Ich hatte sie immer ein paar hundert Meter vor mir, und obwohl sie gut zu Fuß waren, blieb ich dran. Der Pfad lief durch mehrere Kuhherden hindurch, und ich stellte mir vor: Die beiden werden von den Tieren angegriffen, Nadja 2 wird umgerannt, ihr Schatzi entpuppt sich als feiger Kerl und ergreift die Flucht. Ich stürme herbei, verjage die Bestien, verarzte die leicht Verletzte (ich habe ja immer Jod und Pflaster dabei). Die Gerettete jagt wütend ihren zurückgekehrten Freund weg, schaut mich dankbar und bewundernd an, wir ziehen zusammen weiter. Und am Abend, im Tal, gehen wir in ein schönes Hotel, wow!

Und wie weiter? Wir nähmen getrennte Zimmer, und beim Abendessen redete ich ihr gut zu, es mit ihrem geschassten Begleiter noch einmal zu versuchen. Zurück in meinem Zimmer, träte ich auf den Balkon, riefe meine Frau an und sagte ihr nette Dinge, wie fast jeden Abend.

In Wirklichkeit waren auch schon die Kühe so brav, wie ich es geblieben wäre.

Dass viele Wandernde süße Hintergedanken hegen und unter der Nichterfüllung ihrer Wünsche leiden, zeigt sich sehr klar in der Mitgliederzeitschrift des Deutschen Alpenvereins. Die enthält über viele Seiten Kontaktanzeigen einsamer Herzen. Ein männlicher Annoncierender bringt die Sache auf den Punkt: »Die bergbegeisterte Frau läuft einem nicht in 2000 Metern, 4000 Metern oder einer Alpenvereinshütte über den Weg. Habe die Hoffnung, sie hier zu finden.« Ein anderer trauert einer verpassten Gelegenheit nach: »Sie aus Bad Homburg, Zähne putzend auf der Waltenberger Hütte, wir frierend Steinböcke beobachtend. Würde dich gerne kennenlernen.«

Oft findet sich hobbyspezifische Verbalerotik. Damen greifen gerne zu Sätzen wie: »Wer begleitet mich bei meinen Wanderungen und vielleicht durchs Leben (58 Jahre, 1,63 m)?« Oder: »Suche humorvollen Allrounder, der mit mir in die Berge geht und vielleicht bis ans Ende der Welt (34, 1,72 m).«

Nahe liegend, aber etwas riskant ist Höhen-Metaphorik. »Sie, 57, sucht Ihn für Berg und Tal.« Das geht ja noch. Heikler wird's bei: »Suche Ihn für Wald, Wiese, Berg und Tal, Bauchlandung und Höhenflug (49, 1,65 m).« Unter Höhenflug kann sich der Leser etwas vorstellen, aber was meinen

Gnädigste mit Bauchlandung? Die metaphorische (die kann's ja eigentlich nicht sein), die alpine (nach einem Sturz in die Tiefe) wohl auch nicht. Wollen wir hoffen, es geht darum, dass ein Bauch am anderen anlandet.

Ganz rätselhaft wird's bei einer »Saarländerin, 36, Nichtraucherin«. Sie »bietet Berg- und Talfahrten fürs Leben«. Spricht sie ehrlicherweise schon die Krisen an, die einst an der Beziehung rütteln werden? Oder meint sie mit »Tal« vielleicht genau das, um was es auch ›Im tiefen Tal der Superhexen‹ geht, einem Film mit üppigen, lebensfrohen Damen, in den ich mal, ganz zufällig, zu später Stunde im Fernsehen hineingezappt bin? (Eine Abschweifung auf das Gailtal versage ich mir hier. Es heißt wirklich so und liegt in Kärnten.)

Nun, die verbale Potenz der Männer ist ebenfalls nicht über jeden Zweifel erhaben. »Gut eingelaufener Wanderstiefel sucht passende Trekkingsandale zum gemeinsamen Spurenhinterlassen in den Bergen wie auch im Leben (45, 1,77 m, 75 Kilo).« Als Sandalenlady würde mich die Geruchsassoziation stören.

»Kleiner Bergfrosch in verstecktem Bergsee wartet sehnlichst auf seine Prinzessin. Mit Verwandlungsgarantie in lieben, vorzeigbaren, christlichen Berg-Prinzen (42, 1,67 m, Akademiker).« Wahrscheinlich wartet er heute noch in seinem Tümpel und quakt dabei die Bergpredigt.

»Junger Berglöwe sucht Berglöwin für gemeinsame Streifzüge durch die Natur und durchs Leben (29, 1,80 m).« Klingt gut, aber wäre eine wahre Löwennatur nicht schon in freier Wildbahn fündig geworden?

»Attraktiver, sportlicher Bock sucht attraktive, sportliche Gams, gerne unkompliziert und fröhlich (32, 1,83 m, 77 Kilo)« – uiii, das ist derb, aber auch in seiner Direktheit fast schon wieder charmant. Ich möchte wetten, dass die ein oder andere Leserin einen Sprung gewagt hat.

Frechheit siegt, wird sich auch folgender Möchtegern-Casanova gedacht haben: »Verheiratet mit einem Stubenhocker? Mann, 1,88, Anfang 40, gut aussehend, mit Niveau, bietet traumhafte ›Ausflüge‹: Hochtouren und Kletterwände, Abende am Feuer meiner Schweizer Berghütte …« (Pünktchen im Original). Während der folgende Kandidat schon wieder zu unverblümt ans Werk geht: »Hans (57, verheiratet) sucht sympathische Sie für Bergsport, Bett.« Wenigstens für ein »und« zwischen den B-Wörtern hätte die Knete doch noch reichen müssen!

Der Wanderweg in Richtung Liebe ist also überaus steinig. Von einer rühmlichen Ausnahme ist immerhin zu berichten: Im Jahr 1952 fanden ein 28-Jähriger und eine 20-Jährige beim Aufstieg zur Falkenhütte im Allgäu Gefallen aneinander. Was drei Jahre später zur Geburt jenes Erdenbürgers führte, der das vorliegende Buch schrieb.

# *Wenn die Deutschen wandern, wundern sich die andern*

Vor vielen Jahren unternahm ich mit Kommilitonen und Professoren eine geografische Exkursion in die damalige Tschechoslowakei. Emilie Kuflerova, ich weiß es noch genau, hieß die uns staatlicherseits zugewiesene Reisebegleiterin (es war ja noch Kommunismus), eine lebhafte, lustige Frau.

Eine Wandertour in der Hohen Tatra stand auf dem Programm, was Emilie erheiterte. Ihr Bonmot über die nationalen Unterschiede in der Feriengestaltung habe ich nicht vergessen:

»Die Deutschen wandern in den Bergen, die Ungarn bleiben im Tal und die Slowaken gehen ins Restaurant.«

Wahre Worte, zumindest was unsere Nation betrifft, kann ich nach diversen Reisen bestätigen. Wandern tun vor allem die Deutschen (plus Österreicher und Schweizer), dazu noch in etwas geringerem Umfang Briten und Skandinavier.

Sicher, Wanderer als Minoritäten gibt es auch bei weiteren Völkern, dennoch glaube ich das Kuflerova'sche Theorem des Urlaubsverhaltens wie folgt erweitern zu können:

Franzosen und Spanier gehen ins Museum, Holländer machen Camping, Italiener schreiten auf und ab, gestikulieren und palavern. Griechen bleiben zu Hause und sitzen auf Stühlen, Amerikaner fahren im Auto von Parkplatz zu Parkplatz und betrachten die Sehenswürdigkeiten durch die Scheibe (nur wenn es irgendwo Eiscreme gibt, steigen sie aus).

Deutsche aber wandern, wandern und wandern. In Mittelgebirgen, in Hochgebirgen, in der Arktis, im Urwald. Durch die Pampa, durch die Wüste. Und wenn es den Mondtourismus schon gäbe, würden sie mit ihren bunten Rucksäcken durchs Mare Tranquillitatis stapfen und auf den Kopernikus-Krater steigen.

Die Slowaken aber würden ihnen aus der Luna-Bar kopfschüttelnd hinterherschauen.

Auf Wanderungen im Ausland begegne ich tatsächlich überwiegend Deutschen (Österreichern, Schweizern), oder jedenfalls überdurchschnittlich vielen. Wen traf ich auf dem höchsten Punkt des Angkhang-Gebirges in Nordthailand (1928 Meter)? Ein Paar aus Bayern. Im Valle de la Luna in der chilenischen Atacama-Wüste: jeder Zweite ein Landsmann. Auf den Bergpfaden der Kanarischen Inseln: jeder (okay, fast jeder).

Kein Wunder, dass andere unseren Wanderdrang seltsam finden. Auf der französischen Tropeninsel Réunion wurden meine Frau und ich Opfer zahlreicher Lachanfälle von Einheimischen, die sich angesichts unserer Teleskopstöcke nicht mehr einkriegten: »Vous cherchez la neige?« – »Sie suchen den Schnee?«

Bei meiner Solo-Tour durch die Wälder am Fuß des Fujiyama schauten mich die Forstarbeiter so entsetzt an, als wäre gerade Godzilla aus dem Unterholz gebrochen. Und am mexikanischen Lago de Pátzcuaro ernteten wir mit unseren Rucksäcken ungläubige Blicke: Niemand versteht dort, warum offensichtlich wohlhabende Menschen freiwillig zu Fuß gehen. In den unterentwickelten Ländern ist diese Fortbewegungsart das Stigma der Ärmsten; jeder, der es sich leisten kann, fährt zumindest Sammeltaxi, Bus, Moped oder Fahrrad. Das zeigt einmal mehr den Einfluss des Triebes zur sozialen Distinktion: Nur wo jeder ein Auto hat, kann sich der Wanderer als etwas Besonderes, ja Besseres fühlen.

Deshalb erleben viele reisende Deutsche eine Überraschung: Im Ausland ist ihr Hobby allenfalls eine Randsportart. Dass ein ganzes Land mit einem dichten Netz von Wanderwegen überzogen ist, gibt es eben fast nur zu Hause. Wer etwa in den USA auf die Idee kommt, einfach zu Fuß von Ort zu Ort zu pilgern, wird schnell für einen Außenseiter, Verrückten oder gar entflohenen Strafgefangenen gehalten. Natürlich kann man auch in Nordamerika toll wandern – aber nur auf den ausgewiesenen Trails der National oder State Parks.

Ja, Wanderwege sind anderswo dünn gesät – das liegt auch an der abweichenden Erschließungsgeschichte. Fast überall außerhalb Europas sind die Gebirge (die die bevorzugten Wandergebiete sind) nicht so dicht besiedelt und so stark durch Landwirtschaft genutzt wie hier. Denn grundsätzlich sind bergige Gegenden wirtschaftliche Ungunstgebiete: Weil es dort kälter und unwegsamer ist, gestaltet sich auch das Überleben schwieriger. Warum unterm Gletscher siedeln, wenn es weiter unten unbewohntes Flachland gibt?

Die Alpen wurden zu einer Ausnahme, weil sich dort schon früh Verkehrswege zwischen dem südlichen und nördlichen Europa ausbildeten und weil Bodenschätze und Holzreichtum ausgebeutet werden konnten. Zwangsläufig entwickelte sich die alpine Landwirtschaft einschließlich der sommerlichen Viehhaltung auf den Almen. Deshalb können wir uns nun am hübschen Wechsel von Wäldern und Wiesen erfreuen und an den vielen Dörfern, die es Wanderern ermöglichen, mit leichtem Rucksack umherzuziehen.

Hierzulande ist es auch üblich, Gebirge »schön«, felsige Hochgebirge gar »grandios« zu finden. Ich tue das ebenfalls, aber man muss sich klarmachen, dass dies keine natürliche, dem Menschen angeborene Empfindung ist. Die Reisenden vergangener Jahrhunderte, davon legen viele Berichte Zeugnis ab, empfanden steile Berge als bedrohlich oder gar hässlich – vom Überlebensstandpunkt aus betrachtet, völlig zu Recht; und bei Menschen außerhalb des westlichen Kulturkreises findet man diese instinktive Abneigung auch heute noch (Ausnahmen China und Japan, wo sich schon sehr früh eine Bergästhetik entwickelte). Erst ab dem 18. Jahrhundert setzte sich bei uns die Hochschätzung der Hochgebirge durch, was wohl auch mit dem sicherer gewordenen Reisen in ihnen zu tun hatte.

Für das Wandern gilt Ähnliches: Wohl gibt es einen angeborenen Explorationsdrang, der den Menschen dazu bringt, umherzugehen und sich umzuschauen, ob er nicht ein besseres Plätzchen zum Leben finden könne. Unsere Urahnen haben deshalb nach und nach einen Großteil der Erde besiedelt. Aber nachdem Homo sapiens dann seinen festen Wohnort bezogen hatte, schränkte er das Herumstreifen ein: verbraucht ja nur sinnlos Kräfte und bringt einen unnötig in Gefahr.

Wandern, ganz besonders das im Hochgebirge, ist also nichts Natürliches, sondern eine Vorliebe, die auf bestimmten gesellschaftlichen Bewertungen beruht, die wir uns zu eigen gemacht haben. Deshalb sollten wir bitteschön Milde walten lassen, wenn uns Unverständnis entgegengebracht wird!

Hier noch mein völlig subjektiver World-Wide-Wandern-Kurzratgeber:

Ile de la Réunion: Freche Einheimische (siehe oben), dazu tropisch heiß, und ab Mittag regnet es. Berge hoch und steil, aber nicht schön.

Neuseeland, USA, Kanada: Nationalparks toll, aber die Auswahl an Tageswanderungen ist beschränkt. Mehrtägige Touren sind in Nordamerika nur mit schwerem Gepäck (Zelt und Verpflegung) möglich, da es nur an wenigen Stellen Hütten gibt. Außerdem lauert der Grizzlybär!

Kanarische Inseln, Madeira: Hohe Berge, anspruchsvolle Wege. Nachteil: Die Nordostseiten der Inseln nebeln oft ab Mittag zu.

China: Sehr schöne Landschaften, aber ausländische Wanderer werden von fliegenden Händlern eskortiert und in den Wahnsinn getrieben.

Japan: Es soll wandernde Einheimische geben. Ich habe keine getroffen. Die Japaner spielen in ihrer Freizeit entweder Golf (und üben dafür überall in kuriosen Abschlag-Anlagen), säumen als Angler die Bergseen zu Dutzenden oder fotografieren Wasserfälle.

Skandinavien: Sumpfig, viele Mücken. Die Bergwelt kann sich mit der der Alpen nicht messen. Selbst die berühmten Fjorde sind, finde ich, eher monoton.

Island: Imposante Landschaft, aber nicht allzu viele Möglichkeiten für Tageswanderer.

Patagonien: Ich kenne vor allem den Nationalpark Torres

del Paine (Chile). Großartig. Das alte Lied: Wer nicht zelten will, hat nur begrenzte Möglichkeiten.

Frankreich: Vive la France! Gut markierte Wanderwege, sehr unterschiedliche Landschaften, nicht so dicht besiedelt wie Deutschland. Dennoch findet man ausreichend Unterkünfte.

England, Schottland: Viele Wanderwege. Aber die weitgehend entwaldete Landschaft wirkt trist, vor allem wenn die Sonne nicht scheint – also fast immer.

## *Es geht auch ohne Natur – Streifzüge im Virtuellen*

Ich kann nicht verstehen, warum viele Wanderer – angeblich die weitaus meisten – ganz ohne Karte auskommen und sich nur auf Wegweiser verlassen. Landkarten sind etwas Großartiges. Man kann sich mit ihrer Hilfe nicht nur im Gelände orientieren, sondern auch im stillen Kämmerlein viel Spaß haben.

Ich habe einen ganzen Schrank voll davon. Andere Leute kaufen im Urlaub Ansichtskarten, ich kaufe topographische Karten, selbst wenn ich nur eine einzige Tour in der Gegend mache. Eine Karte ist ein Erlebnis, ich kann in einer einzigen mindestens eine halbe Stunde versinken. Ich übersetze die Höhenlinien und Schattierungen in richtiges Gelände und stelle mir die Wege vor.

Wo bleibt dann die Überraschung, könnte man fragen, wenn man schon alles vorher kennt? Antwort: Ich freue mich auf jeden Fall. Wenn die Gegend so aussieht, wie ich sie mir vorgestellt habe, fühle ich mich gut, weil ich richtig lag – im anderen Fall genieße ich das Unerwartete.

Meine kartographische Urszene: Ich bin fünf oder sechs Jahre alt, ein angenehmer Geruch nach Klebstoff dringt in den Raum. Ich gehe in die Küche. Dort steht mein Vater, er hat eine Landkarte in vielleicht 20 Rechtecke geschnitten.

Stück für Stück leimt er die Teile auf einen Bettbezug. Ich weiß nur, dass er morgen zum Wandern wegfährt. »Papa, was machst du da?«, frage ich.

»Das ist für den Fall, dass es regnet. Wenn eine Karte nass wird, zerreißt sie. Auf dem Bettbezug macht ihr die Feuchtigkeit nichts aus.«

Mittlerweile gibt es auch elektronische Karten. Und da werden die Möglichkeiten des virtuellen Wanderns schwindelerregend. Meine erste Alpenüberquerung habe ich mit Hilfe einer Onlineversion der topographischen Karte der Schweiz geplant (gis.swissinfo.org). Man wählt einen Startpunkt, schaltet runter auf einen großen Maßstab und verschiebt dann den Kartenausschnitt mit der Maus. Alle Wege sind erkennbar, sogar Ausdrucke sind möglich.

Inzwischen gibt es noch ein spezielles Luftbildprogramm für die Schweiz (zuletzt unter map.search.ch), in das Zusatzinformationen eingeblendet werden können. Wenn es draußen regnet und ich weiter nichts zu tun habe, tüftle ich mit diesen Webseiten gelegentlich neue Alpenüberquerungen aus.

Heute starte ich am Bodensee, im Städtchen Rorschach. Das erste Großziel soll der Säntis sein, der markante Gebirgszug in der Nordostschweiz, auch im Luftbild schön zu erkennen. Ich gehe zu Swissinfo, klicke mich auf den Wanderkarten-Maßstab runter. Schon erkenne ich eine gangbare Route von Rorschach ziemlich genau nach Süden über die Orte Eggersriet, Rehetobel und Trogen bis zum Vorgebirgsgipfel Gäbris.

Es folgt eine flachere Passage in der Nähe der Stadt Appenzell, die sich aber mit der Eisenbahn abkürzen lässt. Ab Wasserauen beginnt der Anstieg zum Säntis (2502 Meter), auf dem man auch übernachten kann. Der Abstieg über den Lisengrat scheint kein Problem zu sein, jedenfalls sind Wege eingezeichnet.

Weiter geht's über die Churfirsten-Kette – mit der Maus schiebe ich die Karte nach oben, damit im Süden immer neue Stücke anwachsen. Den blau schimmernden Walensee überwinde ich mit dem Schiff (die Anlagestellen verrät mir das Luftbild-Hilfsmenü), ich meide das Haupttal in Richtung Glarus und nehme den Pass weiter östlich …

In 30 Minuten bin ich in Chiasso, habe die Schweiz durchquert. Das hat Spaß gemacht! Es ist wunderbar, sich einen Weitwanderweg selbst zusammenzustellen: Warum den ausgetretenen Pfaden folgen, wenn es so viele andere attraktive gibt? Möglichen Nachahmern sei gesagt, dass ich – bevor ich diese Strecke wirklich begehen würde – alles noch einmal genau checken würde, durch weitere Internet-Informationen, aber auch anhand echter Karten: Sind die Wege wirklich für einen Wanderer begehbar? Gibt es immer Übernachtungsmöglichkeiten? Von einer steilen Passüberquerung zwischen Nord- und Südtirol nahm ich Abstand, nachdem ich einen Online-Reisebericht entdeckt hatte, der damit endete, dass sich die zwei Wanderfreunde an dieser schwierigen Stelle so verkrachten, dass sie am Abend die Tour abbrachen und getrennt nach Hause zurückfuhren.

Ich will aber nicht verschweigen, dass ich mich auch schon verschätzt habe. Ein Höhenweg im Allgäu sah auf der Karte easy aus, in Wahrheit führte er ständig auf und ab, wodurch ich das Ziel erst in der Abenddämmerung erreichte. In der Schweiz musste ich mal die Mitfahrt auf einem Traktor erbetteln, ansonsten wäre ich vor Erschöpfung kollabiert. Ich hatte die Länge der Etappe zwar nicht unterschätzt, doch war der Weg so steinig und steil, dass ich langsamer als gedacht vorankam. Und die Pfade, die ich mir zwischen Chiavenna und dem Comer See herausgesucht hatte, waren ziemlich öde.

Neue Möglichkeiten haben sich eröffnet, seit mir ein Freund zu Weihnachten eine DVD mit allen österreichischen Wanderkarten geschenkt hat. Man kann sich nicht nur Ausschnitte anschauen und ausdrucken, sondern die Berge »hochstülpen«, also 3-D-Ansichten generieren. Die lassen sich drehen, neigen und aus verschiedenen Richtungen von der Sonne beleuchten, wie wenn man mindestens der Herrgott persönlich wäre.

Und man kann in einem imaginären Flugzeug über alles hinwegfliegen. Ich lege die Scheibe ein, wähle »Salzburg« als Startpunkt und »dynamische perspektivische Ansicht« als Modus. Mein Flieger wird 300 km/h schnell sein und in nordwestlicher Richtung vom Flughafen Salzburg starten. Es ist Vormittag, die Sonne lasse ich genau von Südosten kommen und 37 Grad hoch am Himmel stehen.

Los. Ich gehe schnell auf 1400 Meter Meereshöhe, leite dann eine weite Rechtskurve ein und fliege direkt nach Süden auf die Salzburger Altstadt zu. Im Hintergrund wachsen die ersten Berge in die Höhe. Jetzt bin ich über dem Hauptbahnhof, der Kapuzinerberg reckt sich steil nach oben, die große Ziffer »636« bezeichnet (in Meereshöhe) seinen Gipfel. Die Altstadt-Signaturen wölben sich den Mönchsberg hinauf, aber nun muss ich daran denken, meine eigentliche Route anzusteuern: Ich will den Weg einer anderen möglichen Alpenüberquerung abfliegen: von hier am Großglockner vorbei nach Friaul in Italien. Ich steuere auf den Untersberg zu, sehe schon den markierten »Reitsteig«, den ich dereinst nehmen will, gehe vorsichtshalber auf 2400 Meter. Faszinierend plastisch formen sich die Täler und Abgründe des Bergs, beleuchtet von der Vormittagssonne, grotesk überwölbt von riesigen Höhenangaben und topographischen Namen; sie stehen auf dem Kopf, denn ich fliege ja in Richtung Süden. Ganz knapp scharre ich über den Berchtesgadener Hochthron, die höchste Stelle des Untersbergs, sinke über Schönau in die Königssee-Schlucht hinein. Rechts reckt sich steil der Watzmann empor, bald liegt das schmale Gewässer unter mir …

Gut zehn Minuten später kommt ein breiter roter Streifen in Sicht: die italienische Grenze. Das Programm lässt mich noch ein paar Kilometer weitergondeln, dann endet das Gebirge in einer radikalen Steilkante im Nichts – der österreichische Blattschnitt ist zu Ende.

Noch faszinierender ist freilich Google Earth. Für die allgemeine Wanderwegplanung ist das Programm zwar nicht so gut geeignet, aber es erlaubt 3-D-Ansichten von allen Gegenden der Welt. Unlängst schaute ich mir vor einer Tour auf den Geigelstein im Chiemgau die Gegend sozusagen mit Adleraugen an, umkreiste den Gipfel, merkte mir die steilen und weniger steilen Stellen. Gerade wenn man so versessen auf Panoramen ist wie ich, kann man mit Google Earth sehr schön abschätzen, was man zu sehen bekommen wird.

Doch auch das zweckfreie Fliegen ist grandios. Falls man bei niedriger Höhe durch Täler schwebt, hat man die Gipfel über sich, etwa im Inn- oder Etschtal, oder im Grand Canyon den Schluchtrand. In Nepal kreise ich um den Annapurna, in Tansania um den Kilimandscharo. Unlängst verbrachte ich anderthalb Stunden zwischen Alexandria und den Nilquellen. Nun, ich schweife wohl ab …

Wenn aber in einer hoffentlich fernen Zukunft mein Herz schwächeln oder meine Knie kaputt sein sollten, dann werde ich mit den dann erhältlichen Programmen, bei denen man jeden Grashalm wird sehen können, über altbekannte und neue Wege hinwegschreiten, Augenhöhe 1,70 Meter über Grund, und den imaginären Kopf nach links oder rechts wenden.

Natürlich wird so etwas nicht ans echte Wandern heranreichen.

## *Vier Geschichten vom Gipfelglück*

Hintere Schöntaufspitze – das klingt nach nichts. Sie sieht auch nicht großartig aus, eine Art Zwischenberg im Südtiroler Ortler-Massiv. Auf der Nordseite trägt sie einen Gletscher, doch im Süden ist sie nur mäßig steil und schuttbedeckt, also auch für Wanderer zu ersteigen. Sie sollte an diesem Tag mein persönlicher Mount Everest werden, mit 3325 Metern der höchste Berg, den ich dann zu Fuß erklommen hätte.

Durch das Hochtal unterhalb der Königspitze stapfte ich aufwärts, mächtige Gletscherströme über mir. Doch mein Ziel lag in der anderen Himmelsrichtung, und heftig keuchend – die Luft ist hier oben schon spürbar dünner – erreichte ich schließlich die breite Gipfelkuppe. Von Süd bis West reihten sich die mächtigen Gipfelpyramiden aneinander, Königspitze, Monte Zebru, dann der Ortler selbst mit seinen knapp 4000 Metern. Schwarzweiße Giganten aus Fels und Eis, über ihnen ein stahlblauer Himmel mit einigen verstreuten Wolken. Als ich über die Frage nachdachte, ob ich nun glücklich war, hörte ich hinter mir eine Männerstimme.

»Geht's euch gut? Ja? Also ich stehe jetzt auf der Hinteren Schöntaufspitze. Sie ist 3300 Meter hoch und ein paar zerquetschte. Der höchste Gipfel, wo ich bisher war. Hat Fiedler schon geliefert?«

Ein Kerl, offenbar Alleingänger wie ich, etwas jünger, mit einem Handy am Ohr.

»Sag ihm, wenn die das nochmal machen, zieh ich ihnen die Ohren lang. Nein, der Aufstieg war nicht so schwierig. Vor mir stehen die drei großen Berge des Ortler-Massivs, das sind, ich muss nachkucken, die Königspitze, der Monte Zebra und der Ortler selbst. Ein wunderbares Panorama. Die Schmidt soll mich anrufen, wenn sie Neues von Brock und Sawitzki weiß. Sofort! Jetzt steig ich wieder ab. Wetter ist schön, ja, blauer Himmel, ein paar Wölkchen. Nein, das mit dem Entwurf reicht noch nächste Woche. Gruß an Peter!«

Endlich Stille. Es kam eine Gruppe von Italienern, alle holten ihre Telefoninos raus. Dann hörte ich sehr oft das Wörtchen »Mamma«.

*

Wir schnürten die Wanderschuhe, doch das Wetter machte wenig Lust. In der kalten Nebelsuppe waren selbst von der Uferpromenade aus nur die ersten Meter des Vierwaldstättersees zu sehen. In leiser Verzweiflung lösten wir Tickets für die Zahnradbahn auf die Rigi. So düster war's im Waggon, dass die Deckenbeleuchtung eingeschaltet wurde. Nach der Ausfahrt aus einem Waldstück geschah das kaum Erhoffte. Der Nebel wurde schnell heller, dann gleißend. Ein Bergpanorama erschien und – zunächst nur wenig unterhalb des Zuges, dann immer weiter zurückbleibend – ein Meer aus Wolken. Unter den Insassen erhob sich ein Gemurmel, mit wollüstigen Seufzern darin.

Von der obersten Station Kulm stiegen wir auf zum Rigi-Gipfel. In der völlig klaren Luft überblickten wir einen Erdkreis von – im Nachhinein ermittelt – 250 Kilometern. Im Südwesten und Westen das lange, schmale Band des Schweizer Jura, davor das dicht besiedelte, nebelfreie Tiefland mit Städten und Dörfern. Im Norden ein niedriges Plateau, das musste der Schwarzwald sein, östlich davon eine große Wolkendecke, unter der sich mutmaßlich der Bodensee verbarg. Von Nordosten nach Süden der Halbkreis der Schweizer Alpen, zackig gekrönt von den Viertausendern des Berner Oberlands. Annie und ich hatten noch nie eine so überwältigende Landschaft erblickt.

Zwei Stunden dauerte der Abstieg zum See. Eigentlich mussten wir wieder in den Nebel eintauchen, doch es wollte uns nicht gelingen. Je näher wir ihm kamen, desto stärker wich er, scheinbar magisch, zurück, schrumpfte zu einer gerade noch 20 Meter dicken Wolkencreme über dem See, aus der Kirchtürme herausragten.

Ich habe zwei Schwarzweißfilme mit Fotos gefüllt. Zu Hause machte ich Abzüge, ich war ja ein Dunkelkammer-Fuchs. Die Ergebnisse waren außergewöhnlich. Könnte ich nicht einen Reisebericht hinzufügen und beides zusammen an Zeitungen schicken? Ich setzte mich hin und schrieb den ersten Artikel meines Lebens. Als zwei Zeitungen die Veröffentlichung ablehnten, war ich deprimiert. Jetzt versuchst du's noch ein drittes und letztes Mal, befahl ich mir. Das angeschriebene Blatt veröffentlichte den Text. Man zeigte dazu aber keines meiner großartigen Bilder, sondern das einer Agentur.

Die Rigi machte mich zum Journalisten – wenn auch zum Schreiber, nicht zum Fotoreporter.

*

Auf die Zugspitze gelangt man am leichtesten mit der Seil- oder Zahnradbahn. Aber zu Fuß ist es sportlicher – und seelisch erfüllender. Ich durchquerte die rauschende Partnachklamm, stieg auf durchs wilde Reintal und übernachtete auf der Knorrhütte. In der Kühle eines wunderschönen Morgens, die Sonne stand schräg über dem Horizont, überwand ich die schrundige Felseinöde des Zugspitzplatts. Der letzte Aufstieg vom Schneefernerhaus zum Gipfel war steil und schwierig; erst ging es ein Schuttfeld hinauf, dann weiter an Stahlseilen durch Felsen hindurch. Alte und neue Markierungen brachten mich durcheinander, plötzlich kam ich nicht mehr weiter, musste vorsichtig zurücksteigen, bis ich wieder auf der richtigen Spur war. Die letzten Meter führte dann wieder ein gut sichtbarer Steig hinauf.

Unterhalb der Gipfelterrasse ein erster Rundblick: In der klaren Luft des Frühherbstes war die Aussicht optimal, Hunderte von Gipfeln, Wänden, Graten reihten sich bis an den Horizont. Der Anblick rührte mich fast zu Tränen. Über mir eine Betontreppe, die zur Gipfelstation hinaufführte. Noch drei Stufen, zwei, eine.

Dutzende Menschen standen herum, eine Hammondorgel dudelte. An ihr saß ein Greis in Sepplhosen und sang: »Heut Nacht lass ma's quietschen auf da Pritschen«; danach ließ er ein schütteres Jodeln hören, das in einem Hustenanfall endete. Ich wischte mir den Schweiß ab, so extrem hatte ich's nicht erwartet.

»Juh täk ä piktschel of as, plies?«, fragte mich ein mandeläugiges Mädchen, und folgsam knipste ich sie und ihren Begleiter. Dann drängte ich mich durch die Menge in Richtung Gipfelkreuz. Das erreicht man über steile Leitern, was glücklicherweise die Mehrzahl der Seilbahntouristen abschreckt.

Zum Mittagessen wählte ich das Restaurant auf der österreichischen Seite, wo man mir ein unterdurchschnittliches Fiakergulasch vorsetzte. Ich war hier der Einzige in sportlicher Montur zwischen Japanern und älteren Ehepaaren mitteleuropäischer Herkunft.

Beim Hinausgehen versetzte ich einer offenbar niederländischen Dame einen Schlag mit meinem Teleskopstock – der hatte sich, zusammengeschoben auf meinen Rucksack geschnallt, beim Wiederanziehen desselben halb gelöst, stand hinter meinem Rücken schräg nach außen und verbreitete Angst und Schrecken.

»Ja, bassen S' halt a bisserl auf«, rügte mich ein Kellner, gesenkten Kopfes und unter vielen Entschuldigungen schlich ich hinaus.

Für den Abstieg wählte ich die Zahnradbahn, bezahlte das teure One-Way-Ticket und setzte mich in den Waggon. Mir gegenüber platzierten sich zwei halbwüchsige Jungs, die sich über ihre Gameboys beugten, den Geräten während der langen Fahrt durch den Tunnel quäkende Laute entlockten und über Details der Spiele fachsimpelten.

Beim ersten Stopp nach dem Tunnel stieg ich aus. Lieber 1000 Höhenmeter zu Fuß ins Tal.

*

»Papa, wie heißt der Berg?«

»Col di Lana.«

»Warum gehen wir da hoch?«

»Das wirst du schon sehen.«

Eine Woche in den Dolomiten, zu viert. Papa, sein Freund Dieter, dessen Sohn Markus und ich. Wir wanderten, um Schützengräben zu betrachten. Ich war erst neun, verstand aber genau, um was es ging: Österreicher und Deutsche hatten gegen die Italiener gekämpft, mitten in den Bergen, das war im Ersten Weltkrieg gewesen. Später gab es noch den Zweiten Weltkrieg, der vor 20 Jahren zu Ende ging, und den Papa mitgemacht hatte.

In den letzten Tagen hatten wir den Berg Pasubio erkundet, dort leere Patronenhülsen gefunden, verrosteten Stacheldraht und auch Teile von Stahlhelmen. Mein Vater konnte genau sagen, ob es österreichische oder italienische waren. Es gab auch Tunnelsysteme, die ganze Berge durchzogen, und in die waren wir ein Stück hineingegangen. Gruselig.

Es wurde steil, zuletzt stemmte mich mein Vater durch eine Engstelle nach oben. Noch nie hatte ich einen so hässlichen Gipfel gesehen. Nirgendwo wuchs Gras, die Felsen waren schwarz. Mein Vater klärte uns auf, dass die Italiener den Gipfel des Col di Lana weggesprengt hatten, weil sie ihn nicht hatten erobern können. Einen Österreicher, oder was von ihm übrig geblieben war, hatte man drei Kilometer entfernt gefunden.

»Papa, wussten die Österreicher, dass man sie in die Luft sprengen wollte?«

»Ja. Sie hörten, wie die Italiener den Tunnel für das Dynamit bohrten.«

»Warum haben sie dann die Italiener nicht angegriffen?«

»Das ging nicht. Die Stellung der Italiener war so stark, dass sie nicht zu erobern war.«

»Warum sind die Österreicher nicht einfach abgehauen?«

»Das durften sie nicht. Dann hätten die Italiener ohne Kampf gewonnen.«

»Und wenn sie's trotzdem gemacht hätten?«

»Dann wären sie von den eigenen Leuten erschossen worden, wegen Fahnenflucht.«

»Und haben sich die Italiener gefreut, dass sie die Österreicher in die Luft gesprengt haben?«

»Wahrscheinlich schon. Aber es hat ihnen nichts genützt. Denn auf dem nächsten Berg, auf dem da drüben, saßen auch die Österreicher, und den konnten sie nicht sprengen.«

»Papa, gibt es irgendwann wieder Krieg?«

»Ich hoffe, dass es nie wieder Krieg gibt. Krieg ist das Allerschlimmste, was man sich vorstellen kann.«

Wir tranken kalten Zitronentee und aßen Schokolade. Mein Vater war auch Soldat in den Bergen gewesen. Er hatte sich, ebenso wie sein Bruder, zu den Gebirgsjägern gemeldet; beide hatten geglaubt, so wären sie vor den großen Feldschlachten sicher. Der Bruder fiel bei einem Partisanenangriff in den französischen Alpen, mein Vater wurde in den italienischen verwundet. Gegen Kriegsende musste er doch noch im Flachland kämpfen; vor Berlin erwischte es ihn ein zweites Mal. Die Kugel steckte ihm noch im Fleisch, manchmal forderte er mich auf, sie zu ertasten.

Eine Frage hatte ich noch nie gestellt. Ich stellte sie jetzt.

»Papa, hast du im Krieg jemanden totgeschossen?«

»Nein, Franki, das habe ich nicht.«

Sollte ich jetzt enttäuscht sein, dass er kein ganz so erfolgreicher Soldat gewesen war, oder erleichtert, dass kein Blut an seinen Händen klebte? Mein Herz entschied sich für die Erleichterung, und kurz darauf verließen wir diesen schrecklichen Hügel.

Dass er mit mir in den Dolomiten ausgerechnet zu den Schlachtfeldern wanderte, kam mir damals völlig normal vor. Später fand ich es seltsam, heute glaube ich es zu verstehen.

## *Fast das Ende*

Ich fliege. Ich stürze. Ich schlage auf. Mit dem Kopf, dann mit dem Rücken. Es tut furchtbar weh. So sehr, dass es nicht bloß ein Alptraum sein kann.

Ich liege flach am Boden. Öffne die Augen. Eine Wiese zwischen hohen Bergen. Ich begreife schnell, dass ich nicht tot bin. Aber ich kann nicht aufstehen.

Annie stürmt heran, beugt sich über mich. Sie sagt, beweg die Arme, beweg die Beine. Ich schaffe es mit Mühe. Der Kopf tut weh, der Nacken, ebenso meine linke Hand. Annie nimmt ihr Handy, wählt eine Nummer.

Ich liege da und weiß, dass die große Wandertour nun vorüber ist. Warum war ich bloß so unvorsichtig!

Weit weg Motorengeräusch, ein Hubschrauber kommt. Für mich? Es ist doch kaum was passiert, finde ich nun, versuche mich aufzurichten und schreie Annie an: »Hubschrauber? So was kostet 20 000 Euro! Sag ihm, er soll wieder wegfliegen.«

Furchtbarer Lärm, schrecklicher Wind. Ein roter Helikopter ist gelandet. Der Notarzt fragt mich nach Namen, Adresse, Beruf. Um herauszubekommen, ob ich mir diesen Transport leisten kann? Oder will er bloß erkunden, wie stark hirnverletzt ich bin? Man legt mir eine Halskrause an, verbindet meine Hand, hebt mich auf eine schaumstoffgepolsterte sargähnliche Trage. Schon sind wir in der Luft. Wir fliegen ins »Spital« nach Samedan, sagt mir jemand.

Ich ärgere mich. Über mein Missgeschick und darüber, dass ich, wo ich doch schon so viel werde bezahlen müssen, nicht einmal aus dem Fenster schauen kann. Den Silvaplaner See würde man von hier oben sicher bewundern können, den Piz Corvatsch, Sankt Moritz. Und die Wege, auf denen ich gewandert bin.

In der Notaufnahme sind alle sehr nett zu mir. In einem Spiegel sehe ich mein Gesicht und erschrecke über die blutigen Krusten. Es sind aber nur Schürfwunden an der Stirn und am Nasenrücken, letztere stammen wohl von der völlig verbogenen Sonnenbrille, die man mir abnahm.

Alle zehn bis 20 Minuten höre ich Helikopter landen. Sie liefern die heutigen Pechvögel des Bergsports ein. Ich muss warten, weil ein bewegungsloser Mann auf einer Bahre offenbar ein größeres Problem hat als ich.

Endlich schiebt man mich in die Tomographie-Röhre, und eine halbe Stunde später kommt die weitgehende Entwarnung: Dickschädel unverletzt, Wirbel intakt, Rückgrat in Ordnung. Aber: Spiralbruch in der linken Hand.

Liebe Leserin, lieber Leser, wenn Sie im Hochgebirge wandern, dann sollten Sie ohnehin vorsichtig sein, jedoch in besonderem Maße, wenn das Hotel, in dem Sie gerade abgestiegen sind, über Mountainbikes verfügt, weshalb Sie auf den Gedanken kommen könnten, zur Abwechslung mal eine Radtour zu unternehmen. Ihre inneren Alarmglocken sollten läuten, wenn Sie schon beim Bergauffahren fast vom Gerät fallen, weil es so ungewohnt leicht ist. Insbesondere sollten Sie es aber unterlassen, Ihrer gerade angereisten Ehefrau zeigen zu wollen, dass Sie nicht nur auf dem Wanderweg, sondern auch im Fahrradsattel eine tolle Figur abgeben, und sich wagemutig die allererste Gefällstrecke hinunterstürzen. Vor allem, wenn Sie die Bremsen nicht kennen und auch übersehen haben, dass sich hinter einem Chalet eine scharfe Linkskurve verbirgt, worauf Sie dann mit zirka 50 km/h auf eine Buckelwiese schießen und einen Salto über die Lenkstange schlagen …

Wenn Sie's aber genauso machen wie ich, dann sollten Sie erstens einen kleinen Rucksack mit einer Fleecejacke drin auf dem Rücken tragen (der unbeabsichtigterweise das Rückgrat abpolstert) und zweitens so unfall- und auslandskrankenversichert sein, wie ich es bin. Dann wird Ihnen auch der Hubschrauberflug bezahlt, der im Übrigen erstaunlich günstig war, kaum teurer als ein Schweizer Taxi: etwa 2000 Franken für 20 Kilometer.

Fünf Wochen später treffe ich wieder in Sils-Maria ein, wo das Unglück passiert war. Ich mache einen weiten Bogen um das verdammte Hotel und starte, natürlich zu Fuß, in Richtung Süden. Einen Teleskopstock habe ich zu Hause gelassen, den anderen führe ich mit der rechten Hand; die linke ist noch bandagiert.

Nach sechs Tagen erreiche ich das norditalienische Como – und vollende meine erste Alpenüberquerung.

## *Von Aufbruch bis Zielkonflikt: Das ehrliche Grundwörterbuch des Wanderns*

**Auf|bruch, der:** Idealerweise ein froher, optimistischer Moment. In der Realität meist von Unruhe überlagert: Landkarte dabei? Sonnencreme eingesteckt? Pflaster für die →Blasen?

**Aus|sicht, die:** Normalerweise erhöht gelegen. Am schönsten ist es, wenn man zuerst nichts sieht und dann alles. Es gibt die Guckkastenaussicht, eingerahmt z. B. von Bäumen; und das 360°-Panorama, sozusagen die Mutter der Aussichten. Wird gerne beschrieben mit Adjektiven wie grandios, großartig, erhaben, erhebend, toll, einzigartig, … (die Auswahl ist begrenzt). Doch meistens verlieren sich die Höhenzüge oder was auch immer im bläulichen Dunst.

**Berg|hüt|te, die:** Letztes Refugium des abendländischen Sozialismus – vor dem Hüttenwirt sind alle gleich. Er ist zu jedem grob, zum Straßenkehrer wie zum Chief Executive. Die Räumlichkeiten sind finster und manchmal muffig riechend. Die geschmackliche Qualität der Speisen variiert von mittelprächtig bis fürchterlich. Im Schlafraum erblickt man enthüllte Körperteile wildfremder Menschen (in den meisten Fällen, ohne dass dies Freude bereiten würde) und nächtigt in ihren Ausdünstungen. Um fünf Uhr oder noch früher erheben sich die ersten Stubengenossen tatendurstig und polternd. Aber: Berghütten sind Überlebensstützpunkte in der Wildnis. Sie müssen aufwändig versorgt werden, und die Wirte arbeiten tagein, tagaus viele Stunden für wenig Geld. Manchmal lernt man sogar nette Leute kennen.

**Bier, das:** Bevorzugte Nahrung männlicher Wanderer, was man ihnen oft ansieht. Wird gerne schon während der Mittagsrast konsumiert. Vermeintlich Sportliche trinken »Radler« (Bier-Limo-Mix). Schwer Bierabhängige schleppen Dosen oder Flaschen (!) im Rucksack mit, um sich auf Strecken ohne Gasthof den Stoff warm (!) zuzuführen. Eigene Experimente mit Bier zeigten: Trittsicherheit lässt nach, Fähigkeit zum Bergaufgehen leidet. Deshalb ist der Verfasser Wander-Abstinenzler geworden (und holt das Versäumte dann ab ca. 19 Uhr nach).

**Bla|se, die:** Fußblasen werden oft interpretiert als Resultat suboptimalen Schuhkaufs. In Wahrheit sind sie eine fast unabwendbare Begleiterscheinung des Wanderns an sich. Durch das nur sporadische Gehen findet die nötige Verhornung der Fußhaut nur unzureichend statt, welche dann auf intensive Beanspruchung mit Blasenbildung reagiert. Hinzu kommt, dass Wandernde meist zu schwer für ihre Füße sind (Übergewicht plus Rucksack, vgl. →Bier). Eine heimliche Großindustrie, das Fußpflastergewerbe, lebt von diesem Grundwiderspruch.

**Fo|to|gra|fie|ren, das:** Unerlässlicher Bestandteil des Wanderns. Zerfällt in zwei Varianten.

1. Erinnerungsfotografie: Geschieht mit kleiner Apparatur, Kompaktkamera genannt. Die zu fotografierenden Begleitpersonen werden vor eine markante Landschaftssingularität oder ganz einfach vor die zu bewundernde →Aussicht gestellt, allerdings mit Blick zur Kamera, und dann geknipst.

Es ist üblich, dass die Personen möglichst klein im Verhältnis zur Umgebung abgebildet werden und dass sie im Gegenlicht stehen, im Foto also weitgehend schwarz wiedergegeben werden. Früher schaute der Erinnerungsfotograf noch durch den Sucher und konnte die Szenerie halbwegs erkennen, heute starrt er verkrampft auf das kleine Display auf der Kamerarückseite und sieht gar nichts mehr.

2. Die sogenannte ambitionierte Landschaftsfotografie: Sie wird ausschließlich von Männern praktiziert, mithilfe einer Spiegelreflexkamera und (mindestens) einem Zoomobjektiv. Je älter der Fotograf, desto länger und dicker das Objektiv. Der ambitionierte Landschaftslichtbildner achtet darauf, dass keine Menschen die Aufnahme verunzieren, und wartet deshalb notfalls minutenlang, bis störende Personen den anvisierten Bereich verlassen haben. Ihm gelingen immer wieder sehr schöne Aufnahmen. Sie werden einmal angeschaut und versauern dann im Dia-Archiv respektive auf der Festplatte.

**Funk|tions|ja|cke, die:** Beinhaltet eine Membran, deren Markenname meist mit -tex aufhört. Wird mitgeführt für den Fall, dass →Schlechtwetter aufkommt. Vor allem soll das Teil gegen Regen schützen. Tut es aber nicht.

Mein erstes Kleidungsstück dieser Art bescherte mir einen Schnupfen, weil ich schon nach einer Viertelstunde Regen durchnässt war, aber noch weitere zwei Stunden Marsches vor mir lagen. Ich kaufte ein anderes Fabrikat. Es bewährte sich mehrere Monate lang, denn es regnete nicht. Dann kam ich in ein Gewitter. Nach ziemlich genau einer Viertelstunde war ich völlig durchnässt. Immerhin bekam ich keinen Schnupfen, denn es war Sommer und warm. Ich reklamierte die Jacke im Sportgeschäft und durfte mir ein anderes Fabrikat auswählen.

Ich war ein Jahr lang zufrieden, da ich Regenwanderungen vermied. Eines grauen Tages begann es zu tröpfeln, dann schüttete es. Die Jacke hielt dicht. Eine Viertelstunde lang, 20 Minuten, 25. Danach wurde ich nass bis auf die Knochen.

Inzwischen erwäge ich die Mitführung eines Regenschirms.

**Ge|dan|ken, die:** Dem Wandernden geht meistens einiges durch den Kopf, zumindest bei Kommunikationspausen mit dem Wanderpartner, vor allem aber beim Alleinwandern. Gemeinhin das übliche Durcheinander aus Beruf, Familie, Zukunftsplanung, Melancholie und Erotik. Dass man beim Wandern klarer denkt, kreativer ist, zu mutigen Entschlüssen gelangt, wird oft behauptet – ob es auch stimmt? Vielleicht könnte ich mal bei der nächsten Tour darüber nachdenken. Ich meinerseits denke häufig an nichts, an einfach gar nichts, ob Sie's glauben oder nicht. Das ist entspannend, vielleicht sogar meditativ.

**Ge|hen, das:** Zentrale Tätigkeit beim Wandern. Der Oberkörper beugt sich leicht über den Körperschwerpunkt, die Beinmuskeln übernehmen die Vorwärtsbewegung: Es entsteht ein rasches, konzentriertes Voranschreiten, der typische Wanderschritt. Zu unterscheiden ist er vom langsameren Spazier- oder Schlendergang. Der geschieht mit eher durchgedrücktem Rücken, die Bewegung der Beine scheint von den Hinterbacken aus vor sich zu gehen. Wenn Sie merken, dass Sie schlendern, dann reißen Sie sich gefälligst zusammen! Das können Sie im Stadtpark oder in der Fußgängerzone machen, aber nicht auf dem Wanderpfad!

**Grü|ßen, das:** Lobenswerte Sitte, um die Fremdheit sich begegnender Menschen in einsamer Gegend zu verringern. Grußworte richten sich normalerweise nach der bewanderten Gegend, »Guten Tag!« (Deutschland), »Grüß Gott!« (Bayern, Österreich, Südtirol), »Grüezi!« (Schweiz) usw. Handelt es sich ersichtlich oder hörbar um Angehörige des eigenen Stamms, kann man natürlich auch auf Teneriffa oder Sizilien »Tach!« sagen. Dankenswerterweise gibt es ein ungeschriebenes Gesetz, bei starker Häufung von Begegnungen aufs Grüßen zu verzichten. Aber was, wenn man einer langgezogenen Kette von, sagen wir, 200 Wanderern begegnet, für die man der einzige Entgegenkommende ist, und deshalb von jedem gegrüßt wird? Muss man dann auch? Was würde Kant dazu sagen?

**Ja|kobs|weg, der:** Ein momentaner Megatrend des Wanderns heißt Pilgern, eine schweißtreibende Kombination von Sport und Gottsuche, oder jedenfalls Sinnsuche. Vor allem auf dem Jakobsweg stolpern viele in Richtung Erleuchtung. Dabei ist die Route durchs nördliche Spanien, mit skeptischer Vernunft betrachtet, vor allem ein Marketingerfolg: Um die Rechristianisierung der Iberischen Halbinsel nach der Vertreibung der Muslime voranzutreiben und die Gastronomie anzukurbeln, wollte man plötzlich in Santiago de Compostela die Gebeine des Apostels Jakob entdeckt haben. Wer sich zu ihnen aufmachte, dem wurde Sündenrabatt im Himmel versprochen. Später geriet der Pfad in Vergessenheit, aus der er erst in neuerer Zeit wieder hervorgeholt wurde. Mittlerweile hat man auch fast überall in Deutschland Jakobswege entdeckt (angeblich mittelalterliche Zugangswege zum Hauptpfad), mit denen sich die regionalen Tourismusorganisationen an den Hype ranzuschmeißen versuchen. Manche dieser Routen sind trotzdem ganz schön.

**Schlecht|wet|ter, das:** Nach einer umstrittenen Theorie,

die sich aus der allgemeinen Evolutionslehre ableitet, sind die Bewohner des mittleren und nördlichen Europa deshalb wirtschaftlich führend auf der Welt, weil es bei ihnen so kalt ist und der Himmel so oft weint. Deshalb mussten sie feste Häuser bauen, kluge Landwirtschafts- und Vorratstechniken entwickeln und sich vielerlei andere Lösungen für schwierige Probleme ausdenken, während man anderswo die Tage mit Tanz und Gesang zubrachte, Früchte aß, die von den Bäumen fielen, und sich dann eines Tages wunderte, als große Schiffe am Horizont erschienen, bemannt mit finsteren Bleichgesichtern.

Wer die Vorteile genießt, muss auch mit den Nachteilen leben. Trotzdem: Das bei uns vorherrschende Sauwetter ist ein Fluch! Es gibt Wanderer, die behaupten, schlechte Witterung mache ihnen nichts aus, aber dabei handelt es sich meines Erachtens bloß um sozial übliche Schönfärberei: Weil man anderen keinen Anlass zur Schadenfreude bieten will, gibt man einfach nicht zu, dass der heilige Urlaub ein feuchtkalter Fehlschlag wurde. Ich aber finde: Wandern wird erst durch schönes Wetter schön. Und wenn's in Strömen gießt, leiste ich mir die Souveränität, mein Leid zu bekennen.

**Trink|was|ser, das:** Neigt dazu, entweder in zu geringer oder zu großer Menge mitgeführt zu werden. Im ersten Fall ächzt man vor Durst, im zweiten Fall unter den unnötigen Pfunden im Rucksack. Trinkwasser nachzufassen, ist überraschend schwierig. Brunnen gibt es heutzutage kaum noch, oder es sind Zierbrunnen mit Warnschild. Gastronomen reagieren finster auf die Frage nach Leitungswasser, weil sie teuren Sprudel verkaufen wollen, und so ist man auf ihre Toilettenwaschbecken angewiesen.

Weil Wasser »nach nichts« schmeckt, führen viele Wanderer irrigerweise Limo, Säfte, Iso-Drinks, →Bier mit. Experten wissen jedoch: Wasser schmeckt hervorragend, wenn man sich vorher nur kräftig genug angestrengt hat.

**Wan|der|weg, der:** Wer hierzulande durch die Natur schreitet, tut dies gezwungenermaßen oft auf Forst- und Wirtschaftswegen, jenen etwa drei Meter breiten, mit Kies bedeckten, manchmal sogar asphaltierten Pisten. Auf ihnen zu gehen, ist meist zum Sterben langweilig, doch schon vorher wird man von der Sonne geröstet, von Radfahrern gerammt, von Traktor-Abgasen vergiftet und von Holztransportern platt gefahren. Viel beliebter, aber seltener, sind kurvige, schmale Wege auf weichem Wald- oder Wiesenboden. Im Hochgebirge indes sind Forstwege manchmal eine Erlösung, denn viele Steige sind durch Erosion so felsig geworden, dass sie bergab nur unter Qualen zu begehen sind.

**Ziel|kon|flikt, der:** Wanderern sehr vertraut. Übliche Zielkonflikte: Will ich mich anstrengen oder mir nur die Beine vertreten? Steig ich auf einen hohen Berg, auf einen normalen Berg oder doch nur auf einen Hügel? Flieg ich zum Wandern nach Madeira, Gomera oder Kreta? Ein etwas ungewöhnlicherer Zielkonflikt lautet: Will ich im kommenden Jahr viel wandern oder lieber ein Buch übers Wandern schreiben? Ich entschied mich für Letzteres. Mit meinem Entschluss bin ich ganz zufrieden; Sie, liebe Leserinnen und Leser, sind es hoffentlich auch. Vielleicht sehen wir uns ja, wenn ich demnächst mein Touren-Defizit ausgleiche. Wie Sie mich erkennen? Ich bin der mit den Kopfhörern.